PROMENADES

GÉOGRAPHIQUES

INTRODUCTION

A TOUS LES COURS DE GÉOGRAPHIE

PAR

Ernest LÉVI ALVARÈS

Officier d'Académie

PARIS

LIBRAIRIE CH. DELAGRAVE

15, RUE SOUFFLOT, 15

PROMENADES GÉOGRAPHIQUES

A LA MÊME LIBRAIRIE

France (la), *livre de lecture pour toutes les écoles*. — Aspect, — géographie, — histoire, — administration, — agriculture, — industrie, — commerce, — grands hommes, — hommes utiles, — notions diverses, par MM. E. MANUEL, inspecteur général de l'instruction publique, lauréat de l'Académie française, et E.-L. ALVARÈS, professeur.

— Ire PARTIE : Départements compris dans les anciennes provinces de *Normandie*, de *Picardie*, d'*Artois*, de *Flandre*, de *Lorraine*, nouv. édit. 1 vol. in-12, cart... **1 25**

— 2e PARTIE : Départements compris dans les anciennes provinces d'*Alsace*, de *Franche-Comté*, de *Champagne*, d'*Ile-de-France*, d'*Orléanais*, de *Maine et-Perche*, nouv. édit. 1 vol. in-12, cart... **1 25**

— 3e PARTIE : Départements compris dans les anciennes provinces de *Bretagne*, d'*Anjou*, de *Touraine*, de *Poitou*, de *Berry*, de *Bourbonnais*, de *Nivernais*, de *Bourgogne* et dans la *Savoie*, nouv. édit. 1 vol. in-12, cart... **1 25**

— 4e PARTIE : Départements compris dans les anciennes provinces du *Lyonnais*, de l'*Auvergne*, de la *Marche*, du *Limousin*, de l'*Angoumois*, de l'*Aunis* et de la *Saintonge*, de la *Guyenne* et de la *Gascogne*, du *Languedoc*, du *Béarn*, du *Roussillon*, du *Dauphiné*, de la *Provence* et du *comté de Foix*, de la *Corse* ; dans le *comtat d'Avignon* et dans le *comté de Nice*, nouv. édit. 1 vol. in-12 cart... **1 25**

La France, *livre de lecture pour toutes les écoles*, par E. MANUEL et E.-L. ALVARÈS. Édition abrégée, illustrée de nombreuses vignettes dans le texte. 1 joli vol. in-12, cart... **1 50**

Manuel de l'enfance (Petit), ou recueil des premières connaissances, éducation, instruction, par E.-L. ALVARÈS, l'un des auteurs de la *France*. 1 vol. in-18, nouv. édit. cart... **35**

CORBEIL. — IMPRIMERIE B. RENAUDET.

PROMENADES GÉOGRAPHIQUES

INTRODUCTION

A TOUS LES COURS DE GÉOGRAPHIE

PAR

Ernest LÉVI ALVARÈS

Officier d'Académie

DEUXIÈME ÉDITION

PARIS

LIBRAIRIE CH. DELAGRAVE

15, RUE SOUFFLOT, 15

1885

A NOS JEUNES LECTEURS

Vous aimez, n'est-ce pas, mes jeunes amis, les promenades en pleine campagne ? Vous trouvez du plaisir à courir dans une prairie, à gravir les coteaux, à vous reposer à l'ombre des grands arbres, quand, après vos jeux, arrive l'heure de goûter sur l'herbe. Accompagnez donc une famille composée d'enfants désireux, comme vous, de s'instruire, et, comme vous aussi sans doute, désireux de courir et de s'amuser. Vous profiterez des beaux jours de l'été pour faire de longues excursions dans les campagnes qui environnent le village des Savelles, où M. Richard et sa famille sont venus passer leurs vacances.

Peu de villages ont, je crois, en France, une situation plus agréable que les Savelles. Figurez-vous une vaste plaine entourée de hauteurs boisées ; un fleuve s'y développe comme un gigantesque serpent, dont la tête et la queue disparaissent derrière les hauteurs qu'il contourne.

Notre village est enfermé dans une courbe du fleuve, que ses maisons proprettes bordent en partie. Les autres se groupent en arrière au pied d'une hauteur, sur le flanc de laquelle un certain nombre sont étagées.

Chaque maison possède son jardin, tout à la fois parterre et potager ; mais les plus superbes ont au-devant d'elles, sur la grande route qui traverse le village, un jardinet décoré des fleurs les plus simples, planté de quelques arbustes ; et le mur disparaît souvent sous les rameaux d'une vigne grimpante.

Sur la place, ombragée d'une double bordure de tilleuls, se trouvent la vieille église, le presbytère, la mairie avec les écoles, et l'ancienne auberge. C'est là que le dimanche, ou après les travaux des champs, dans les longs jours de l'été, les hommes se réunissent pour causer ; c'est là que les enfants jouent après la classe ; c'est là aussi que, le jour de la fête, viennent s'installer les tentes et les baraques où, pour une somme modique, on montre des merveilles à nos bonnes villageoises ébahies.

Non loin du village, une petite rivière vient rejoindre le fleuve, après avoir sur son parcours fait tourner les roues de quelques moulins, et alimenté la machine à vapeur d'une usine qui élève dans les airs la haute colonne de sa cheminée de briques.

Les habitants des Savelles sont affables et hospitaliers ; ils n'ont pas contre les habitants de la ville cette prévention sotte et haineuse que l'on trouve encore malheureusement dans quelques campagnes ; ils savent que, villageois et citadins, nous devons tous contribuer par notre travail à la prospérité de notre pays, que nous devons tous nous considérer comme les enfants d'une même mère, la France, notre patrie bien-aimée.

PROMENADES GÉOGRAPHIQUES

PREMIÈRE PROMENADE.

La classe venait de finir ; les enfants du village des Savelles sortaient de l'école en bon ordre sous l'œil de leur vigilant instituteur, quand une voiture traversa la place, et les cris joyeux des jeunes voyageurs répondirent aux saluts, aux sourires amicaux qui les accueillaient à leur passage. Tout le village sut bientôt que M. Richard et sa famille étaient arrivés. C'était avec plaisir qu'on les voyait revenir chaque année à l'époque des vacances ; tout le monde les aimait, car M. et Mᵐᵉ Richard étaient toujours prêts à rendre service, et leurs enfants admettaient cordialement à leurs jeux les enfants du village, sur lesquels leurs idées, leurs manières, leur affabilité, leurs exemples exerçaient une influence dont les parents se louaient hautement. La réputation de la famille Richard s'étendait jusque dans les villages voisins ; et, dans les promenades que M. Richard faisait aux environs avec ses trois fils, Julien, Edouard et Jacques, sa fille Suzanne, ses trois neveux Pierre, Emile et André, et sa nièce

Lucie, il était sûr de rencontrer partout le plus aimable accueil.

La voiture s'arrêta devant une petite maison à l'extrémité du village ; les enfants eurent bientôt fait de parcourir dans tous ses détails cette maison que chaque année ils retrouvaient avec tant de plaisir ; bientôt ils descendirent dans une grande pâture, où la plupart des enfants du village vinrent leur faire fête ; et l'on organisa une de ces grandes parties dont le souvenir se conservait aux Savelles d'une année à l'autre !

Le lendemain commencèrent les promenades ; de bonne heure les huit enfants se trouvèrent réunis ; M. Richard les appela auprès de lui, et après avoir répondu à leurs bonjours affectueux : « Vous vous êtes levés bien matin, mes amis, leur dit-il en se mettant en marche,

et plus d'un, peut-être, n'a quitté son lit qu'après quelques efforts de volonté ; mais vous en serez récompensés par le plaisir d'une promenade matinale. Voyez ; tout s'éveille autour de vous : les plantes semblent réjouies par la douce lumière des premiers rayons du soleil, les insectes bruissent dans l'herbe, les oiseaux chantent sur les rameaux des arbres, les hirondelles entrelacent au haut des airs les grands cercles qu'elles décrivent;

et dans les eaux les poissons s'élancent et bondissent comme s'ils voulaient sortir de leur élément.

Mais ce qui doit surtout vous frapper c'est le spectacle de l'activité humaine. Depuis longtemps déjà les habitants du village ont commencé leur laborieuse journée. Que de mouvement dans la ferme! Il a fallu soigner les bêtes dans les étables, traire les vaches, les mener à l'abreuvoir, donner aux oiseaux de basse-cour leur nourriture accoutumée, conduire au pâturage les

moutons qui n'ont pas passé la nuit dans leurs parcs à la belle étoile. Dans ces champs dont vous admirez les teintes variées, les laboureurs se livrent à leurs rudes travaux. C'est que, mes amis, l'homme n'obtient rien sans un travail continuel ; c'est par le travail qu'il a pu assurer son existence ; c'est par le travail qu'il fait servir à son usage les productions de la terre, les animaux, les forces même de la nature ; c'est par le travail qu'il devient en quelque sorte le maître de la création. Mais le travail de l'homme isolé serait frappé d'impuissance ; la société seule permet à l'homme d'utiliser ses orces et ses facultés.

Arrêtez un instant votre pensée sur l'objet le plus simple dont vous vous servez, sur cette épingle, par exemple ; demandez-vous comment elle a été produite ; et vous arriverez bientôt à trouver que si la nature a donné la matière, il a fallu les efforts combinés et successifs de plusieurs hommes pour tirer cette matière de la terre, la dégager des corps étrangers, et réunir ceux qui entrent dans sa composition, façonner cette nouvelle matière, et, de bien loin souvent, faire arriver l'objet fabriqué aux mains de celui qui devait s'en servir. Oui, mes amis, le travail de l'homme arrache à la nature ou lui fait produire la matière des objets, ce qu'on appelle les *matières premières*, qu'elles soient renfermées dans le sein de la terre, comme les pierres, le fer, le cuivre, qu'elles poussent comme les plantes, ou qu'elles proviennent des animaux. Mais toujours l'homme pour les obtenir, pour en faire les objets dont il se sert, pour composer ses aliments, est obligé à de nombreux travaux ; et c'est l'ensemble de ces travaux qu'on nomme l'*industrie*. Les travaux que vous avez sous les yeux en ce moment, et qui feront produire à la terre notre nourriture et celle des animaux domestiques, composent l'*agriculture*, c'est-à-dire la culture de la terre.

Mais l'agriculteur, l'industriel ne gardent pas pour

eux seuls les produits de leurs travaux ; il faut qu'ils les échangent contre les produits des travaux des autres hommes, ou contre leur valeur en argent, et cet échange prend le nom de *commerce*.

Ce n'est pas seulement la force de ses bras que l'homme emploie dans ses travaux ; c'est surtout son intelligence ; nous devons donc cultiver notre intelligence qui nous rend supérieurs à tous les êtres qui vivent avec nous sur la terre.

A votre âge, on ne vous demande que de vivre, de préparer pour l'avenir les forces de votre esprit et de votre corps ; et pour y réussir que faut-il ?

PIERRE. Nous n'avons qu'à suivre en tout les conseils de nos maîtres et de nos bons parents, à qui nous devons tant d'affection et de reconnaissance.

M. RICHARD. C'est bien dit, mon cher Pierre.

Nous avons dépassé les dernières maisons du village, et cette *plaine*, cette grande étendue de terre presque

Plaine

unie, vous donnerait le désir de courir de tous côtés ; mais voyez : par ici sont les terres labourées, dans lesquelles vous ne pourriez marcher ; là de grands

2.

espaces couverts de luzerne, de trèfle et de sainfoin ; dans les endroits même où l'herbe pousse naturellement, une rosée abondante vous mouillerait les pieds ; il faut donc suivre la *route* qui met en communication notre village et les localités voisines. On l'a préparée en aplanissant la terre sur une largeur suffisante pour le passage de plusieurs voitures ; on en a bombé la surface pour l'écoulement des eaux ; on l'a revêtue d'une couche de cailloux pressés, comprimés à l'aide d'un lourd rouleau de fonte ; on l'a bordée de fossés et d'arbres plantés de distance en distance ; des cantonniers sont chargés de l'entretenir en bon état en comblant avec des cailloux les trous et les ornières que peuvent y faire les charrettes pesamment chargées.

ÉMILE. Toutes les routes ne ressemblent pas à celle-ci ; celle que l'on prend pour aller aux Roches est moins large et moins belle.

M. RICHARD. Depuis les petits sentiers qui serpentent dans la campagne, jusqu'aux routes nationales comme celle que nous suivons, il y en a de bien des sortes ; elles prennent différents noms suivant leur largeur et leur importance ; nous en aurons bientôt, dans nos promenades, rencontré ou suivi de toute espèce, et nous verrons alors ce qui les distingue.

Après avoir marché quelque temps, nos promeneurs trouvèrent tout près de la route une assez vaste place entourée d'arbres, où ils commençaient à jouer avec entrain lorsque leurs jeux furent interrompus par l'arrivée de deux paysannes qui arrêtèrent leurs ânes, et vinrent saluer M. Richard.

Les enfants tout en criant : bonjour, mère Louisette ! bonjour, mère Charlotte ! s'étaient approchés des ânes, qu'ils flattaient de la main en les regardant avec con-

voitise. Vous voudriez monter sur eux, dirent les paysannes ; contentez-vous pendant que nous allons couper
de l'herbe. Faites les courir sur la route ; nous savons
bien que vous ne les brutaliserez pas.

M. Richard, après avoir remercié les paysannes,
accorda la permission que les enfants lui demandaient.
Une course ! une course ! dirent Julien et Pierre ; les
ânes furent débarrassés de leurs paniers ; les bâts
servirent de selles, et nos deux cavaliers enfourchèrent
leurs montures.

« Le point de départ sera cette borne sur laquelle on a
gravé en gros caractères le numéro 27, dit M. Richard,

Borne

hectométrique.   kilométrique,

vous irez jusqu'à la première borne semblable qu'on
voit là-bas auprès du grand noyer, et vous reviendrez ;
celui qui le premier sera de retour à la ligne que je trace
ici, remportera le prix ; il aura le droit d'offrir un morceau de sucre à chacun des ânes ; n'est-il pas juste que
les ânes aient la récompense, puisque la peine aura été
pour eux ? Ménagez-leur les coups de badine ; il ne
faut pas que votre plaisir leur coûte trop de mal.

« Placez-vous sur la même ligne ; une, deux, trois... »
Et les ânes partirent au grand trot.

Peut-être l'allure de nos coursiers laissait-elle à désirer, peut-être nos cavaliers auraient-ils pu être assis plus commodément ; mais ils n'en étaient pas moins gais; et quand Julien arriva, précédant de moins d'un mètre son concurrent, il fut accueilli par les battements de mains de toute la troupe.

M. RICHARD. Bravo, les bons cavaliers! Honneur aux vainqueurs. Voici les palmes de la victoire. Elles semblent fort du goût de nos maîtres grisons.

Savez-vous quelle distance vous avez parcourue ?

JULIEN. Deux kilomètres ; puisque nous avons fait un kilomètre en allant et autant en revenant.

JACQUES. Comment l'avez-vous mesuré ?

ÉDOUARD. Les grandes bornes comme celle-ci sont placées sur les bords des routes à un kilomètre l'une de l'autre ; ce sont des bornes kilométriques ; entre deux grandes bornes, tu vois qu'il y en a de petites ; elles sont à cent mètres, ou un hectomètre, de distance l'une de l'autre, et par conséquent il y en a neuf petites entre les deux grandes. Un voyageur à pied peut donc toujours savoir combien il a fait de chemin, ou combien il lui en reste encore à faire pour arriver à sa destination.

M. RICHARD. C'est très bien Édouard. C'est ainsi qu'il faut toujours lorsque l'occasion s'en présente, que ceux d'entre vous qui savent quelque chose l'apprennent à ceux qui ne le savent pas.

Maintenant c'est au tour des plus jeunes à faire une petite promenade à âne ; chacun montera à son tour et parcourra deux hectomètres, un pour aller, un pour revenir ; puis nous laisserons les ânes à leurs maîtresses, et nous continuerons notre promenade, après nous être reposés quelques instants.

Chaque enfant voulant témoigner sa satisfaction à l'âne qui l'avait porté, partagea avec lui les friandises dont il avait fait provision pour la promenade ; on remercia de nouveau les obligeantes paysannes, et l'on vint s'asseoir dans la prairie dont le soleil du matin avait dissipé l'humidité.

JACQUES. Faudrait-il marcher bien longtemps pour arriver tout là-bas où le ciel touche la terre ?

LUCIE. Tu n'y arriverais jamais. On voit toujours autour de soi un grand cercle, et partout on se trouve au milieu de ce cercle ; aujourd'hui c'est ici ; il y a quelques jours nous étions près de Paris, et je me suis également vue au milieu d'un cercle aussi grand, où le ciel tout autour touchait la terre.

JACQUES. On aurait dit que la terre finissait là-bas.

M. RICHARD. Mon petit Jacques, si tu avais un peu réfléchi tu aurais bien pensé qu'il n'en est rien ; regarde en arrière ; tu ne vois plus, au-delà des Savelles, le village des Bordes, et si nous marchons un peu devant nous, nous apercevrons là-bas des maisons que nous ne voyons pas à présent. A mesure que nous avançons nous distinguons de nouveaux objets, et ceux que nous laissons derrière nous disparaissent à nos yeux.

JULIEN. Nous sommes toujours au milieu d'un grand cercle, qui se déplace avec nous.

M. RICHARD. La limite de ce cercle est formée par l'étendue de notre vue ; ce cercle est *l'horizon* ainsi nommé d'un mot grec signifiant *qui borne*, parce qu'en effet ce cercle borne notre vue.

Nos estomacs nous indiquent que l'heure du déjeuner approche ; nous allons donc terminer notre promenade ; mais pour qu'elle vous soit profitable à tous, nous allons en revenant résumer ce qu'elle peut vous avoir appris. Tirez chacun un ou deux de ces papiers, vous expliquerez les mots que j'y ai écrits.

RÉSUMÉ

JULIEN. *Travail*. Le travail est indispensable à l'homme ; c'est le travail qui fait sa puissance et sa grandeur.

Matières premières. Les matières premières sont les produits tirés du sol ou préparés par l'homme ; il les met en œuvre par son travail ; par exemple, le bois, les pierres, les métaux, la laine, le coton.

LUCIE. *Agriculture*. L'agriculture comprend les travaux de l'homme pour cultiver la terre ; il lui fait ainsi produire nos aliments et diverses plantes que nous utilisons.

PIERRE. *Industrie*. L'industrie est l'ensemble de tous les travaux de l'homme.

ANDRÉ. *Commerce*. Le commerce consiste dans les échanges que les hommes font des produits de leurs travaux.

JACQUES. *La plaine*. Une plaine est une grande étendue de terre presque unie.

ÉDOUARD. *La route*. Une route est un large chemin qui met en communication des localités impor-tantes.

Bornes kilométriques. Les bornes kilométriques et

hectométriques sont des bornes placées le long des routes pour marquer les distances.

Suzanne. *L'horizon.* On nomme horizon le cercle qui borne notre vue, et par lequel il semble que la terre et le ciel se touchent autour de nous.

DEUXIÈME PROMENADE.

M. RICHARD. De quel côté, mes amis, voulez-vous aujourd'hui diriger votre promenade ?

LUCIE. Prenons ce petit chemin sous les noyers.

SUZANNE. Il nous conduira aux Ormes : j'y suis venue l'an dernier ; j'ai bu de bien bon lait à la ferme de Mme Thibaut.

M. RICHARD. Suzanne a au moins la mémoire de l'estomac. Ce n'est assurément pas la seule qu'elle ait, aussi va-t-elle nous dire la différence qu'il y a entre les Ormes et les Savelles.

SUZANNE. Les Ormes ont bien moins de maisons que les Savelles : il n'y a pas d'église, et c'est aux Savelles que les gens des Ormes vont à la messe ; les enfants se rendent à l'école aux Savelles: et c'est aussi à la mairie des Savelles que l'on vient lorsqu'il y a un mariage.

M. RICHARD. Voilà en effet en quoi diffèrent le *hameau* et le *chef-lieu de la commune*. Quelques hameaux ont, il est vrai, une petite chapelle, quelques-uns même ont des écoles ; mais bien souvent les pauvres enfants ont à parcourir plusieurs kilomètres soir et matin pour se rendre à l'école et pour revenir chez eux; songez combien ce doit être pénible par les temps de pluie, de neige ou de gelée !

Les habitants des hameaux, comme ceux du village, se livrent en général aux travaux des champs.

Une commune peut comprendre, outre le chef-lieu, un ou plusieurs hameaux ; elle est administrée par un magistrat nommé *maire*, et par un certain nombre d'habitants choisis, *élus* par les autres, et qui forment le *conseil municipal*.

Ne seriez-vous pas disposés à vous assurer par vous-mêmes que le lait de la ferme est cette année aussi bon que Suzanne nous dit l'avoir trouvé l'an dernier ? Je vois à votre air qu'une tasse de lait ne vous déplairait pas ; allons donc faire une petite visite à Mme Thibaut.

Mais nous voici sur la grande route ; prenez garde ; marchez près des arbres et des fossés ; ces charrettes, ces voitures attelées de chevaux ou d'ânes, ces ânes chargés de paniers, ces groupes de paysans vont à Bresle, dont vous apercevez au loin le clocher. C'est là que se tient aujourd'hui le marché. Bresle est plus considérable que les Savelles ; on y compte au moins deux mille habitants ; c'est une *ville* ou *commune urbaine*. Si sa population, qui, presque toute, se livre aux travaux de l'industrie, n'atteignait pas le nombre de deux mille, ce serait un *bourg*. Au bourg, comme à la ville, se tient un marché, une ou plusieurs fois par semaine ; mais le bourg, comme le village, moins peuplé encore, forme une *commune rurale*.

Lucie. J'aperçois tout là-bas les bâtiments de la ferme ; ne pourrions-nous, au lieu de suivre la route traverser la prairie ? J'aimerais à faire un bouquet de ces jolies fleurs des champs.

M. Richard. Si tu commences à faire des bouquets,

tu seras bientôt fatiguée de les porter ; en revenant tu pourras en faire à ton aise ; cependant si tu veux cueillir quelques fleurs, entrez dans la prairie, mais n'approchez pas trop des moutons qui paissent ; il ne faut pas inquiéter les chiens qui les gardent.

EMILE. Voyez donc cet oiseau qui vient se placer sur

le dos d'un mouton ; il ne paraît pas craindre que le berger le prenne.

PIERRE. Cet oiseau est une bergeronnette ; il vient se mêler aux troupeaux pour manger les insectes qui voltigent autour des moutons. J'ai demandé pourquoi l'on ne prenait pas les bergeronnettes, on m'a répondu que cet oiseau si familier quand il est en liberté, meurt bientôt quand il est en esclavage.

En traversant la prairie, on arriva bientôt à la ferme ; Mme Thibaut s'empressa de servir à chaque enfant une grande tasse de lait, et une longue tranche de pain bis ; c'était plaisir de voir comme tous, ils faisaient honneur à ce festin matinal.

Peut-on résister au désir de courir, quand on a devant soi une pâture comme celle qui s'étend devant la ferme des Ormes ? Les parties furent vite engagées, et nos jeunes promeneurs n'auraient de longtemps songé à les interrompre si M. Richard ne les eût rappelés autour de lui.

M. Thibaut avait attelé un vigoureux cheval à une grande voiture, qu'on garnit de quelques bottes de paille ; les enfants après avoir remercié la fermière, prirent, à leur grande joie, place dans la voiture, qui les emporta rapidement dans la direction de Bresle.

On n'avait pas encore aperçu les premières maisons de la ville, que déjà l'affluence des gens venus de tous les environs forçait le conducteur à ralentir le pas de son cheval, à crier gare à chaque instant. On dut enfin mettre pied à terre, et l'on se mêla à la foule des visiteurs.

M. RICHARD. Suivons la grande rue, mes amis : les fermières, les cultivateurs des villages voisins sont rangés en longues files ; ils offrent aux nombreux acheteurs les œufs, le beurre, les fromages, les fruits, les lapins et les volailles, tous les produits qu'ils ont apportés ; les bouchers, les charcutiers débitent la viande ; les marchands de la ville et les marchands ambulants étalent des objets de toutes sortes : des étoffes, du linge, des chapeaux, des chaussures, des ustensiles de ménage, des outils ; les pâtissiers comptent sur la faim, sur la gourmandise des gens, et sur les désirs qu'auront les parents de rapporter quelques friandises à ceux qu'ils ont laissés au logis. Les marchands de jouets montrent aussi leur séduisant étalage, et, pour nous rappeler qu'il y a partout des misères à soulager, quelques vieillards, quelques infirmes, font appel à notre charité. Distribuez-leur vos petites aumônes ; c'est un devoir dont l'accomplissement vous procure une douce satisfaction.

Dirigeons-nous maintenant de ce côté ; entendez-vous bêler les moutons, mugir les vaches et les bœufs, beugler les veaux, braire les ânes, hennir les chevaux ? nous approchons de la place où se vendent les bestiaux. Vendeurs et acheteurs s'interpellent en criant : on croirait qu'il vont se battre ; tout à l'heure pourtant plus d'un marché sera conclu, et nous verrons nos hommes s'attabler ensemble à l'auberge ou au café.

Voici la mairie ; remarquez ces groupes qui en sortent en parlant avec animation ; ces hommes sont venus de leurs villages pour que le juge de paix prononce sur leurs contestations ; c'est que Bresle est un *chef-lieu de canton.* Un canton est la réunion de plusieurs communes voisines ; il y a une justice de paix dans chacun d'eux ; plusieurs cantons forment un *arrondissement,* comme plusieurs arrondissements forment un *département.* C'est en départements qu'est divisée la France, notre chère patrie.

Qu'est-ce donc que *la patrie ?* c'est le pays où l'on est né, où l'on vit sous la protection des lois, où sont nés nos parents ; le pays dont le nom nous protègerait partout où nous irions ; qui a le droit de nous appeler à le défendre, même au péril de notre vie.

Tous les hommes qui ont la même patrie, le même gouvernement, qui parlent la même langue, forment comme une grande famille, un *peuple ;* leur pays est une *contrée.* La France n'est pas la seule ; et vous avez déjà entendu prononcer les noms d'Angleterre, d'Allemagne, de Russie, d'Italie ; ce sont autant de contrées ; et le nombre en est grand sur la terre.

Mais M. Thibaut nous attend pour nous ramener aux Savelles dans sa voiture ; nous allons reprendre le chemin que nous avons suivi pour venir.

PIERRE. On dit quelquefois : *Tout chemin mène à Rome.* Nous pourrions donc revenir aux Savelles en continuant à marcher droit devant nous.

M. RICHARD. Oui, en supposant que nous n'ayons à rencontrer aucun obstacle, que nous ne soyons pas arrêtés par les eaux, qui couvrent la plus grande partie de la surface terrestre. Si nous pouvions marcher ainsi, où croyez-vous que nous arriverions ?

JULIEN. Ici-même, car la terre est ronde ; c'est une grosse boule. Mais il faudrait marcher bien longtemps la terre a quarante mille kilomètres ou quarante millions de mètres de tour. Je ne voudrais pas avoir à faire ce voyage sur l'âne que je montais l'autre jour.

LUCIE. On serait aussi bien fatigué en le faisant à pied.

M. RICHARD. Calculez le temps que demanderait à un voyageur ce voyage impossible. Supposons une vitesse de quatre kilomètres à l'heure ; en marchant dix heures par jour, il faudrait donc dix mille heures, ou mille journées, ou deux ans et deux cent soixante-dix jours, c'est-à-dire deux ans et près de neuf mois.

JACQUES. Mais on ne voit pas du tout que la terre soit une boule ; c'est plutôt comme un plat immense.

ANDRÉ. Les montagnes, les maisons, les arbres, les animaux et nous-mêmes, voilà les mets servis dans ce plat ; quel est le géant qui va prendre ce petit repas ?

M. RICHARD. Tu fais bien, Jacques, de dire ce que tu penses ; ne manque pas lorsque tu ne comprends pas quelque chose de demander des explications. Dans notre prochaine promenade, je vous ferai voir comment on s'est assuré que la terre a véritablement la forme d'une boule.

Remontons en voiture, et en revenant chez nous, résumons ce que notre promenade nous a fait connaître de nouveau.

Résumé.

ÉMILE. *Hameau*. Un hameau est une réunion de quelques maisons, dont les habitants se livrent en général à l'agriculture, et où il n'y a le plus souvent ni église, ni école ; il n'y a point de mairie ; un ou plusieurs hameaux sont rattachés pour l'administration au chef-lieu de la commune dont ils font partie.

JACQUES. *Village*. Un village est ordinairement plus grand que le hameau ; les habitants cultivent aussi la terre.

JULIEN. *Commune*. C'est un village entouré d'un territoire sur lequel peuvent se trouver des hameaux ; elle est administrée par un maire et par un conseil municipal.

PIERRE. *Bourg*. C'est un grand village, où se tient un marché ; le nombre de ses habitants n'atteint pas deux mille ; c'est une *commune rurale*, comme les communes moins peuplées.

Ville. Une ville est une localité plus importante. Sa population s'élève au moins à deux mille habitants, qui s'occupent en général des travaux de l'industrie.

SUZANNE. *Canton*. Un canton est la réunion du territoire de plusieurs communes ; au chef-lieu de canton réside le juge de paix.

ÉMILE. *Arrondissement*. L'arrondissement est la réunion de plusieurs cantons.

JACQUES. *Département*. C'est la réunion de plusieurs arrondissements. C'est en départements qu'est divisée la France.

Édouard. *Une contrée.* C'est une étendue de terre dont les habitants ont le même gouvernement, suivent les mêmes lois, parlent la même langue.

Lucie. *La patrie.* C'est le pays où nous sommes nés, où nos parents ont vécu, et dont les habitants doivent former ensemble comme une grande famille. La France est notre patrie.

André. *La terre.* C'est une grosse boule sur laquelle nous vivons, elle a quarante mille kilomètres, ou quarante millions de mètres de tour ; l'eau couvre la plus grande partie de sa surface.

TROISIÈME PROMENADE

M. Richard. Vous avez voulu, mes jeunes amis, gravir rapidement cette hauteur que dans le pays on nomme la montagne : vous voici déjà à une assez grande distance les uns des autres, ceux même qui sont en avant ont été forcés de ralentir leur marche, et vous n'êtes pas arrivés à la moitié du chemin. Que serait-ce donc si vous aviez devant vous des hauteurs énormes qui portent à bon droit le nom de *montagnes?* Quelques-unes dressent leur point le plus élevé, leur *sommet,* à deux mille mètres au-dessus des terres environnantes ; leur pente est quelquefois si rapide, qu'on n'aurait jamais pu les franchir si l'on n'avait tracé sur leur flanc des routes en zigzag.

La hauteur que nous gravissons atteint à peine cent mètres au-dessus de la plaine, qu'elle borne de ce côté ; elle mérite seulement le nom de *colline* ou *coteau* ; elle a, comme la montagne, un *pied* ou *base,* un *flanc,* que nous montons avec peine ; un sommet, ou *point culmi-minant ;* plus petite, elle serait une *butte.*

Nous voici arrivés tout en haut de la montée ; la vue dont nous jouissons ici nous dédommage de la peine que nous avons prise pour y arriver ; voyez ces collines qui nous font face : elles semblent se rattacher par le pied, et forment une *chaine*.

SUZANNE. On dirait une muraille dentelée

JACQUES. C'est une grande scie ; les pointes des dents sont en l'air.

M. RICHARD. Cette ressemblance, que tu as trouvée, a valu à des chaines de montagnes, dans certains pays, le nom de *sierras*, ou de scies.

De l'autre côté, comme du nôtre, le terrain descend d'abord rapidement, puis il s'incline à peine, pour arriver jusqu'au cours d'eau, qui forme au milieu de la plaine une large bande brillante ; l'espace qui sépare ainsi deux chaines de collines ou de montagnes est une

Vallée.

vallée. C'est dans les parties les plus basses des vallées que coulent les grands cours d'eau.

JULIEN. De ce côté, il n'y a plus de pente ; on peut courir jusqu'à ces petites hauteurs qu'on voit là-bas.

Nous sommes sur un *plateau.*

LUCIE. Si nous voulons aller plus loin que ces hauteurs, il nous faudra aussi escalader leur sommet pour redescendre en suite de l'autre côté.

M. RICHARD. Ne pourrions-nous pas trouver un autre

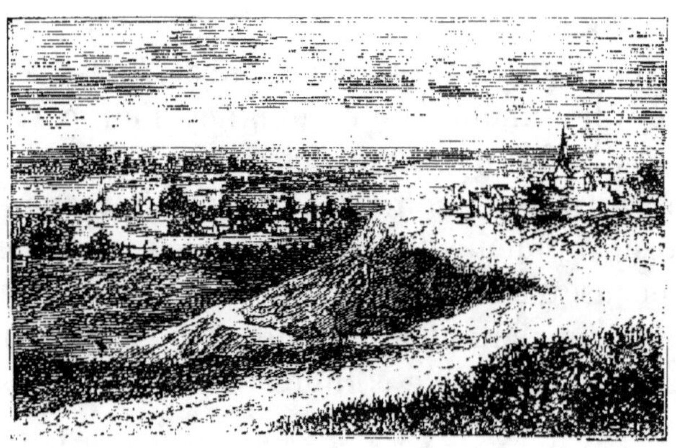

Le plateau.

moyen ? Voici un chemin naturel qui tourne au pied des collines, et nous permettra de franchir la chaîne.

Col. — Défilé.

C'est un *col*. Les cols portent aussi les noms de *défilés*, *ports*, *portes*. On les appelle *gorges*, quand ils sont resserrés entre des hauteurs coupées droit comme des murailles.

Gorge.

ÉDOUARD. Nous sommes maintenant dans une petite vallée fermée de toutes parts ; les collines qui l'entourent se rapprochent et se croisent à leurs extrémités.

M. RICHARD. C'est un *vallon*. Nous en sortirons en suivant le col entre ces deux collines qui vous paraissent se toucher.

JULIEN. Ces deux enfants que nous voyons là-haut n'ont pas voulu suivre cette route : ils ont gravi le flanc de la colline, et les voici bientôt au bord, à la crête de la hauteur bordée par cette belle rangée d'arbres. »

Tout à coup de grands cris se firent entendre ; une petite fille appelait à son secours, disant en pleurant : « Mon frère est tombé ! mon frère est tombé ! » M. Richard eut bientôt escaladé le flanc escarpé de la colline, et tout en recommandant aux enfants qui le suivaient de s'arrêter à la ligne des arbres, il descendit avec précaution dans une grande excavation creusée sur l'autre flanc. Il ne tarda pas à remonter par un sen-

tier tracé sur le revers de la colline à quelque distance ;
il portait un petit garçon de quatre à cinq ans, dont le
visage pâle se colorait lentement, et qui commença
bientôt à sourire aux enfants qui l'entouraient. Ceux-ci
après avoir appris de **M.** Richard que la chute,
amortie par un grand amas de sable, n'aurait pas pour
l'enfant de suites dangereuses, remplirent de friandises
les mains et les poches du petit garçon et de sa sœur,
qui le serrait contre elle, comme si elle craignait qu'il
ne tombât encore.

M. Richard. Le trou dans lequel est tombé ce
pauvre enfant, a été creusé pour l'extraction du sable ;
un éboulement en a taillé la paroi comme un mur ;
voyez un peu plus loin quelle effrayante profondeur !
cela forme comme un *précipice ;* souvent dans les montagnes les précipices bordent la route, et plus d'un
voyageur y a trouvé la mort.

Le petit garçon paraissait tout à fait remis ; aux ques-
tions des enfants, sa sœur répondit : « Je m'appelle
Louise Martin, et mon frère, Charles ; nous demeurons
au Becquet, le village au bord du lac; papa est pêcheur ;
nous étions allés voir grand'mère à la Seille, et nous
revenions par ce chemin pour rentrer plus tôt quand
mon frère est tombé ; sans ce bon Monsieur, je ne sais
pas comment nous aurions pu faire ».

M. Richard voulait qu'on reconduisit les deux enfants
jusque chez eux. Julien et Pierre prirent le petit garçon
chacun par un bras, et l'on suivit le sentier qui descen-
dait au bord de la route. Une bonne femme passait
dans sa voiture ; elle reconnut Louise et Charles, et, sur
la demande de M. Richard, consentit à les ramener
tous deux au Becquet, qu'elle habitait elle-même. On
promit qu'on irait les voir bientôt, et l'on se prépara à

jouer dans la plaine. Les cordes, les guides, les balles furent tirées du panier aux provisions ; à voir l'ardeur de nos joueurs, on n'aurait pas dit qu'ils venaient déjà de faire une grande course, et qu'ils avaient gravi plusieurs collines assez élevées.

Pourtant toutes forces ont des bornes, même quand on joue ; et, pour se reposer, on vint s'asseoir auprès de **M. Richard**, qui distribua les gâteaux et les fruits qu'on avait apportés. Nos promeneurs avaient fait provision d'appétit, il était facile de le voir ; et tout fut lestement expédié ; il ne resta bientôt plus que quelques oranges que Suzanne se chargea de partager.

Julien. Tiens, Jacques, voilà comment la terre est faite.

M. Richard. Julien semble vouloir me rappeler que je vous ai promis de vous montrer que la terre est ronde. Pour Jacques la terre était hier un grand plateau semé de creux et de hauteurs ; nous verrons bientôt pourquoi elle lui paraît ainsi ; mais dites-moi franchement ce qui pourrait vous empêcher de croire que la terre a la forme d'une grosse boule.

Lucie. Une boule est unie, et nous avons vu sur la terre, des montagnes, des précipices.

Jacques. Si la terre est ronde comme cette orange, comment les eaux, les pierres, les hommes peuvent-ils s'y tenir tout autour.

Suzanne. S'il y a des pays de l'autre côté, les hommes y ont donc la tête en bas.

M. Richard. Parlons d'abord des montagnes : elles sont bien hautes ; un très grand nombre s'élèvent beaucoup plus haut que les nuages ; le sommet de quelques-unes atteint trois, quatre, cinq mille mètres au-dessus du bord de la mer ; une même a huit mille huit cent-quarante mètres de hauteur ; elles sont séparées par

Gaurisankar, 8,840 mètres.

de profondes vallées ; dans la mer, il y a des gouffres

dont la profondeur égale la hauteur des plus hautes, montagnes; et malgré cela la terre est plus unie que cette orange avec ses innombrables trous, bien plus profonds par rapport à sa grosseur que les gouffres et les précipices les plus profonds relativement à la terre.

Julien nous a dit que la terre a quarante millions de mètres de tour; qu'est-ce en comparaison, qu'une hauteur de huit à neuf mille mètres! Mesurons cette ficelle; elle a soixante-quinze centimètres de long, y compris les deux boucles que je fais aux deux extrémités. Toi, Émile, tiens ferme la toupie que je plante en terre, et autour de laquelle je passe une des boucles; toi, Julien, trace avec la pointe attachée à l'autre extrémité un cercle comme vous l'avez fait dans plusieurs de

vos jeux. Ce cercle a un mètre cinquante centimètres de largeur, de diamètre; ce qui lui donne quatre mètres soixante-onze centimètres de tour ou de *circonférence*. Notre ficelle, qui va du centre à la circonférence, est un *rayon;* deux rayons en ligne droite forment un *diamètre.*

Aux endroits où notre pointe traçante a rencontré

une pierre à la surface, le trait est suffisamment fin pour notre démonstration ; plaçons à ces endroits des bosses et des creux de un millimètre d'épaisseur ; cela empêche-t-il notre cercle d'être rond ? Eh bien ! la plus haute montagne n'aurait pas, si la terre était réduite à cette dimension, une hauteur plus considérable ; le gouffre le plus profond ne descendrait pas plus bas. Les inégalités de sa surface ne pourraient donc nous empêcher de croire que la terre est comme une grosse boule.

Comment tous les corps qui sont sur la terre tiennent-ils à sa surface ? Comment t'y prends-tu, Jacques, pour faire mouvoir comme tu veux des petits poissons légers en fer creux, des canards en émail ; pour enlever de loin des aiguilles, des plumes métalliques ?

JACQUES. Je les attire avec un aimant.

M. RICHARD. La terre est comme un gros aimant, et c'est par sa force *d'attraction* qu'elle retient à sa surface ou qu'elle fait tomber vers elle tous les corps qu'on abandonne librement. Cette petite masse pesante, ce morceau de plomb que je suspends à cette ficelle, tombe vers la terre, et suit, comme tous les corps qui tombent, la direction que la ficelle nous indique ; c'est un *fil à plomb*. Si le plomb pouvait percer la terre en continuant à tomber, il irait tout au milieu, au centre de notre globe ; la ligne qu'il trace est appelée *ligne verticale*.

JACQUES. Mais c'est le fil qui retenait mon ballon

s'est cassé; le ballon n'est pas tombé, il s'est élevé dans l'air.

Julien. Comme les gros ballons qui emportent si haut des voyageurs dans leur nacelle.

M. Richard. Ce bouchon de liège tombe-t-il? oui sans doute; plongeons-le dans l'eau; il remonte à la surface; c'est comme le ballon dans l'air. Le ballon, grâce au gaz léger qu'il renferme, est moins lourd que l'air dont il tient la place; le bouchon est moins lourd que le volume d'eau qu'il remplace dans le vase; l'eau se place sous le bouchon; l'air se place sous le ballon. L'eau et l'air sont pesants; ils sont attirés vers la terre et tombent comme les autres corps.

Mais l'oiseau qui vole ne monte pas dans l'air comme les ballons; c'est en frappant rapidement l'air de ses ailes, en s'appuyant sur lui avec sa queue, que l'oiseau s'élève et se dirige, comme le nageur, plus lourd que l'eau dans laquelle il se baigne, s'y soutient et s'y dirige par les mouvements calculés de ses bras et de ses jambes.

Lucie. On sent bien la résistance de l'eau quand on veut nager, mais on ne sent pas la résistance de l'air.

M. Richard. Que se produit-il donc quand tu te sers d'un éventail? En ce moment, qu'est-ce qui agite les branches des arbres? Qu'est-ce qui fait voler tes cheveux? Qu'est-ce qui enlève le chapeau d'Édouard? C'est l'air qui frappe tous ces obstacles, comme il frappe et  fait tourner les ailes des moulins à vent, et comme il pousse les bateaux en soufflant dans leurs voiles.

Qu'il devienne plus violent, il courbera, il renversera les arbres ; qu'il parcoure vingt mètres en une seconde,

Vaisseau poussé par le vent.

ce sera une *tempête* ; qu'il en parcoure quarante, ce sera un *ouragan*. L'ouragan ravage les campagnes et

Tempête — Ouragan.

les villes, et fait périr les vaisseaux sur la mer. Quelquefois il se forme dans l'air des tourbillons qu'on nomme

des *trombes*, et qui enlèvent tout ce qui se rencontre
sur leur passage ; on en a vu transporter à des distances
considérables, hommes, chevaux, charrettes, toitures

Trombe d'eau.

et débris des maisons qu'elles avaient renversées. L'air
a donc une force redoutable que vous ne lui connais-
siez pas. Sa pesanteur le retient autour de la terre,
qu'il enveloppe de toutes parts, comme nous sommes
retenus nous-mêmes.

Nous avons laissé là une de nos oranges, et quelques
mouches tournent tout autour ; c'est ainsi que nous
tournons nous-mêmes en parcourant la terre ; ceux
qui sont de l'autre côté ont donc les pieds contre nos
pieds ; ce sont nos *antipodes*. Je vous ai dit comment
nous sommes maintenus; vous comprendrez facilement
que nulle part on n'a la tête en bas ; car le bas, c'est la

terre, et partout on a les pieds contre la terre, et la tête vers le ciel.

Rien ne s'oppose donc à ce que nous croyions la terre ronde ; mais je ne vous ai encore donné aucune preuve de sa rotondité.

Quand vous voulez voir au loin que faites-vous ? vous tâchez de vous élever, vous montez sur les hauteurs que vous rencontrez.

ÉMILE. Comme madame Marlborough :

> *Madame à sa tour monte,*
> *Plus haut qu'elle peut monter.*

M. RICHARD. Elle avait raison, madame Marlborough de la chanson ; à mesure qu'on s'élève le cercle de ce que l'on voit autour de soi s'élargit, ce qui n'a lieu que sur une surface courbe, et comme le cercle se déplace à mesure que nous nous déplaçons nous-mêmes, il faut en conclure que la terre a partout une surface semblable.

Qu'apercevez-vous là-bas à l'horizon ?

ANDRÉ. C'est le sommet d'une colline.

M. RICHARD. Un village est bâti au pied de cette colline ; nous en sommes éloignés d'une douzaine de kilomètres environ. Pourquoi ne voyons-nous pas les maisons, le clocher de l'église, au moins ? C'est que la courbure de la terre ne nous permet de voir d'ici que les points les plus élevés ; si nous nous approchions, nous verrions à chaque pas augmenter la partie visible.

Si nous allons un jour au bord de la mer, je vous donnerai, par l'aspect des navires qui arrivent ou qui s'éloignent, une nouvelle preuve de la rotondité de la terre.

Nous pouvons en attendant nous en rendre compte

à l'aide de la circonférence que nous avons tracée tout à l'heure. Prête-moi, Jacques, trois des petits soldats de plomb avec lesquels tu viens de jouer. Plaçons-en un au bout du rayon de notre circonférence qui nous représente la terre.

JULIEN. — Quel géant! Il a trois centimètres, ou trente millimètres; il est trente fois plus haut que la plus haute montagne que nous avons placée sur notre cercle.

M. RICHARD. — Menons à partir de son œil, une ligne droite qui, touchant le bord de notre cercle en un seul point, se prolongera aussi loin que nous le voudrons; nous avons là une tangente. C'est la direction que suivrait le regard de notre géant, son rayon visuel; il ne verrait un objet que si celui-ci s'élevait au-dessus de cette ligne. Attachons les pieds d'un autre soldat à un fil de la longueur du rayon, et fixé au centre de notre cercle; faisons-lui suivre la circonférence.

ANDRÉ. — Sa tête touche la ligne, la tangente.

PIERRE. — C'est maintenant que l'autre pourrait l'apercevoir.

M. RICHARD. — A mesure qu'il avance, une plus grande partie de son corps est visible, puisqu'elle dépasse la tangente. Il arrive enfin au point où la ligne droite touche le cercle; on peut alors le voir tout entier du point d'observation où se trouve le premier soldat.

Disposons le troisième soldat comme nous avons disposé le second mais au bout d'un fil plus long; faisons-le tourner aussi autour du centre, en tendant notre fil; vous voyez qu'il touchera la tangente plus loin que le précédent. La longueur du fil auquel il est attaché ne lui a pas permis de toucher le bord de notre cercle; il a toujours été en l'air et notre observateur n'a pu le voir que lorsqu'il a atteint la tangente.

Plus un objet sera grand ou élevé, plus nous le verrons de loin, et nous ne pouvons attribuer cela qu'à la courbure du sol.

Des navigateurs ont entrepris de faire le tour du monde, et en dirigeant toujours leur vaisseau vers le

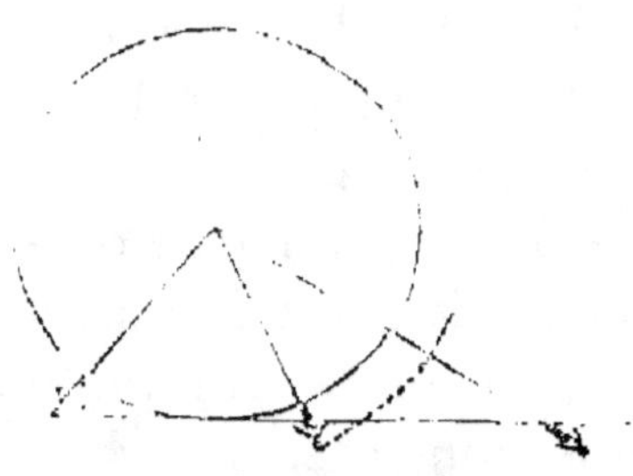

même point de l'horizon, ils sont revenus dans le pays d'où ils étaient partis. Voilà quelques-unes des preuves de la rotondité de la terre.

L'orange nous a donné une première idée de la forme de la terre ; nous pourrions sur cette orange dessiner les différents pays ; nous aurions alors le portrait de la terre ; on l'a fait sur des boules plus ou moins grosses qu'on nomme des sphères terrestres. Mais je ne dois pas vous laisser ignorer que la terre n'est pas tout à fait ronde ; nous verrons bientôt à quels endroits elle est un peu aplatie. Pour aujourd'hui bornons-nous à résumer, comme nous l'avons fait précédemment, ce que nous avons appris dans notre promenade.

RÉSUMÉ

ANDRÉ. — *Montagnes.* — *Collines.* — *Coteau.* — *Butte.* — *Plateau.* Une montagne est une grande élévation de terre : la plus haute montagne atteint

8,840 mètres ; une petite montagne est une colline ou un coteau ; plus petite, elle porte le nom de butte ; quand on a gravi des hauteurs, on trouve quelquefois une plaine élevée parcourue souvent par d'autres hauteurs ; c'est un plateau.

ÉDOUARD. — *Sommet. — Point culminant. — Pied. — Flanc.* Le sommet est la partie la plus élevée de la montagne ou de la colline ; le point culminant en est le point le plus haut ; le pied ou la base est le bas de la montagne ; le flanc est le côté qu'il faut gravir pour aller de la base au sommet.

JACQUES. — *Chaîne. — Sierra.* Une chaîne de montagnes est une suite de montagnes qui paraissent se toucher par le pied ; il y a des pays où l'on appelle les chaînes de montagnes des Sierras, ce qui veut dire *scies.*

SUZANNE. — *Vallée. — Vallon. — Précipice.* Une vallée est l'espace qui s'étend entre deux chaînes de montagnes ou de collines ; c'est là que coulent les cours d'eau ; un vallon est une petite vallée qui paraît fermée ; un précipice est un immense trou au bas d'une montagne coupée brusquement.

ÉMILE. — *Col. — Port. — Porte. — Défilé. — Gorge.* Un col est un passage étroit entre les hauteurs, par lequel on traverse une chaîne de montagnes, ou l'on sort d'une vallée. Le col porte aussi le nom de port, de porte, de défilé. Un étroit défilé entre des montagnes taillées à pic est une gorge.

JULIEN. — *Forme de la terre. — Sphère terrestre.* La terre est ronde à peu près comme une boule ; les montagnes, les vallées, les précipices, les gouffres, sont relativement trop peu considérables pour empêcher de regarder la terre comme ronde. Pour représenter la terre on dessine les pays sur des globes ou sphères ; on a ainsi des globes ou sphères terrestres.

PIERRE. — *Attraction.* — *Ligne verticale.* — *Fil à plomb.* L'attraction est la force qui retient tous les corps sur la terre, qui les fait tomber. La ligne verticale est la ligne que suivent les corps qui tombent librement; elle est dirigée vers le centre de la terre. Cette ligne est indiquée par une ficelle à laquelle est suspendu un corps pesant ; cela forme un *fil à plomb.*

SUZANNE. — *Antipodes.* Nos antipodes sont les gens placés de l'autre côté de la terre; ils ont les pieds en face de nos pieds.

LUCIE. — *Vent.* — *Tempête.* — *Ouragan.* — *Trombe.* Le vent est l'air agité ; s'il parcourt vingt mètres par seconde, c'est une tempête ; s'il en parcourt quarante, c'est un ouragan. Une trombe est un tourbillon que l'air forme et qui ravage tout sur son passage.

ÉMILE. — *Cercle.* — *Circonférence.* — *Diamètre.* — *Rayon.* — *Tangente* Un cercle est l'espace entouré par une ligne courbe qu'on appelle circonférence, et dont tous les points sont également éloignés du milieu ou centre; le diamètre est la ligne droite, qui passant par le milieu, réunit deux points de la circonférence ; la moitié du diamètre, la distance du centre à la circonférence, est un rayon. Une tangente est une ligne droite qui touche la circonférence en un seul point.

QUATRIÈME PROMENADE

M. Richard. Mettons-nous en marche, mes amis, nous avons aujourd'hui un long chemin à faire : nous irons voir les deux petits enfants du Becquet ; nous en profiterons pour faire une partie en bateau. Nous sommes loin du petit lac au bord duquel se trouve le village.

Lucie. La dernière fois que nous sommes venus par ici, nous avons eu bien chaud ; il était près de midi quand nous sommes partis, et nous avons eu pendant toute la promenade le soleil en plein visage.

M. Richard. Il n'en sera pas de même aujourd'hui, je vous ai appelés de grand matin. Le soleil est à peine levé depuis quelques instants, et ses rayons frappaient tout à l'heure le chevet de l'église ; ils sont maintenant arrêtés par le sommet de ces arbres dont l'ombre s'allonge à nos pieds.

Suzanne. Nous avons en ce moment le soleil à notre gauche ; mais, je sais bien qu'il va passer au-dessus de cette grange pour venir plus tard en face de nous.

M. Richard. A midi, il sera en effet arrivé juste en face, puis continuant sa marche, il passera de ce côté, et ce soir nous le verrons disparaître derrière ces hauteurs que nous avons maintenant à notre droite. Demain matin, le soleil reparaîtra au même endroit où il

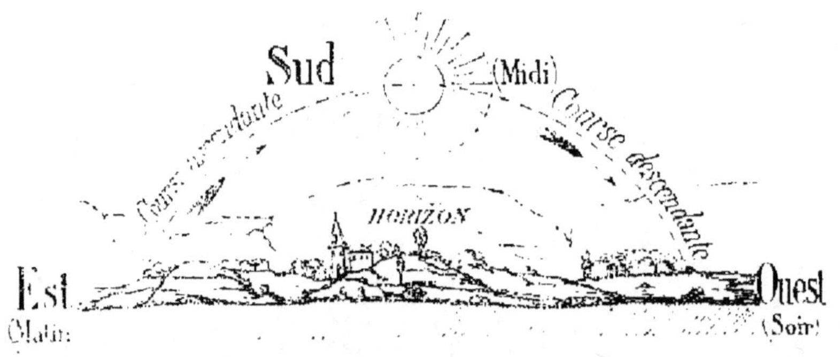

a paru ce matin ; il aura donc ainsi fait en vingt-quatre heures le tour du ciel.

Que voyez-vous sur cette maison ?

ÉMILE. il y a une girouette en forme de flèche ; au-dessous, des barres qui se croisent portent à chacune de leurs extrémités une grande lettre

M. RICHARD. Comment sont-elles disposées ?

ANDRÉ. A gauche, il y a un E ; à l'autre bout de la branche, à droite, c'est un O ; dans la direction que nous suivons il y a une S, et à l'autre extrémité il y a une N.

PIERRE. Ce sont les premières lettres des noms qu'on a donnés à quatre points qui marquent le partage du ciel en quatre parties égales, et qu'on appelle points cardinaux ou principaux.

M. RICHARD. Rappelons d'abord les noms que vous avez le plus souvent entendus.

JULIEN. Le point où paraît le soleil le matin, où il semble se lever est le *Levant* ; celui où il semble se coucher est le *Couchant* ; celui où il se trouve au milieu du jour, à midi, est le *Midi* ; celui où nous ne le voyons pas, où il semble passer pendant la nuit est le *Nord*.

LUCIE. Nous ne retrouvons là qu'une seule des quatre grandes lettres que nous venons de voir.

PIERRE. C'est que les points cardinaux ont reçu d'autres noms ; le levant est aussi appelé *Est* ou *Orient*, le midi, *Sud* ; le couchant, *Ouest* ou *Occident*, le nord, *Septentrion*.

M. RICHARD. Il nous suffirait de savoir l'heure qu'il est, et d'observer où se trouve le soleil pour retrouver tout de suite les points cardinaux, et par suite la direc-

Orientation.

tion que nous devrions suivre ; reconnaître ainsi la position des lieux qui nous environnent, cela s'appelle s'orienter.

ANDRÉ. Ah ! voici la *source* ; l'eau sort de terre en abondance et descend le long de la pente ; elle forme un petit ruisseau.

M. RICHARD. Suivons-le dans la plaine, il nous conduira à la *rivière*, cours d'eau plus considérable, mais moins grande elle-même que notre *fleuve*, dans lequel elle ira se jeter à son tour, après avoir traversé le lac où nous nous rendons. Voici l'endroit où le ruisseau et la rivière se réunissent.

ÉDOUARD. C'est leur *confluent* ; le ruisseau est un

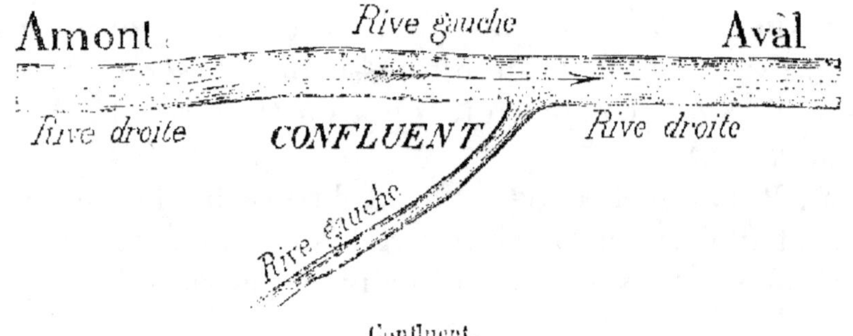

Confluent.

affluent de la rivière, comme la rivière est un affluent du fleuve.

M. RICHARD. Le fleuve à son tour ira se jeter dans la mer par un espace élargi qu'on nomme son *embouchure*. La place qu'occupe un cours d'eau entre ses deux *bords* ou *rives*, est son *lit* ; le chemin qu'il suit est son *cours*. Traversons la rivière sur ce pont, mais arrêtons-nous un instant au milieu pour la regarder couler ; nous avons à notre droite la rive droite, et à notre gauche, la rive gauche. Derrière nous est la source, l'endroit le plus élevé, le côté d'*amont* ou de la montagne ; devant nous est l'endroit le plus bas, le côté d'*aval* ou de la vallée.

JULIEN. Quel bruit fait cet autre ruisseau en tombant de rocher en rocher ! quelle belle écume blanche !

LUCIE. Je suis toute mouillée ; il nous arrive comme une pluie fine, une poussière d'eau.

M. Richard. Dis-nous, Julien, comment on appelle ce que nous avons sous les yeux.

Julien. C'est une *chute d'eau* ; ici les rochers

Chute d'eau.

sont coupés comme des degrés sur lesquels l'eau tombe successivement ; cela forme une *cascade*.

M. Richard. Si la chute avait de plus grandes proportions, si le cours d'eau était large et tombait d'une grande hauteur ce serait une *cata racte*.

Après le rocher, le ruisseau suit en bouillonnant une pente rapide : c'est un *torrent*.

Suzanne. Nous allons arriver au bord du lac ; d'ici on le voit presque tout entier. Quelle grande étendue d'eau !

M. Richard. La terre l'entoure de tous côtés, mais la petite rivière y entre ici et en sort là-bas ; si elle n'en sortait pas, notre *lac* ne serait qu'un *étang*.

Ce petit village situé à l'embouchure de la rivière est le Becquet.

André. Louise et Charles nous ont vus ; ils accourent au devant de nous.

Les deux enfants arrivèrent bientôt ; ils étaient

suivis de leur père, qui adressa à M. Richard et à sa
petite famille de vifs remerciements, en leur demandant
comment il pourrait leur témoigner sa reconnaissance.

M. RICHARD. Ne parlons pas de cela, monsieur Martin ; c'est toujours un devoir de porter secours à ceux

Lac.

qui en ont besoin, et surtout à des enfants : d'ailleurs le
petit service rendu à Charles ne m'a pas coûté beaucoup de peine. Nous sommes venus vous voir, et nous
désirons profiter de notre visite pour faire une promenade en bateau.

PIERRE. Nous ramerons chacun à notre tour : je vais
vous montrer mon habileté.

M. RICHARD. Tu nous montres déjà ta modestie. Je ne
doute pas de ton talent de navigateur, ni de celui des
autres : mais je doute un peu de vos forces ; je prierai
donc M. Martin de nous conduire, à condition qu'il nous
traitera comme ses promeneurs ordinaires ; cependant
nous mettrons tout à l'heure votre habileté à l'épreuve.

M. Martin s'empressa de détacher un grand bateau,
tout en protestant qu'il n'accepterait aucun payement ;
sur son invitation on prit place sur les bancs, et quel-

ques vigoureux coups d'avirons lancèrent le bateau le long de la rive.

JACQUES. Ah! Les arbres du bord qui fuient en arrière!

JULIEN. Monsieur Martin, laissez-nous ramer un peu.

M. MARTIN. Prenez les rames, et tâchez de frapper l'eau bien également.

SUZANNE. Les arbres s'échappent moins vite; ils s'arrêtent tout à fait.

M. RICHARD. Croyez-vous qu'ils aient réellement couru?

JULIEN. C'est nous qui marchons dans le sens opposé; mais comme nous avancions sans secousse, nous ne sentions pas notre mouvement, et les arbres dont nous nous éloignions nous paraissaient s'enfuir. Quand j'ai pris les rames le bateau a été plus lentement, et les arbres ont paru ralentir leur mouvement en sens contraire.

M. RICHARD. Le soleil aussi vous a paru marcher dans le ciel, d'Orient en d'Occident; mais c'est la terre qui tourne sur elle-même d'Occident en Orient. Si nous faisions tourner rapidement le bateau sans changer de place, nous verrions le point que nous choisirions pour point de repère, ces arbres par exemple, tourner autour de nous dans le temps que nous mettrions en réalité à faire un tour complet. La terre exécute en vingt-quatre heures son tour sur elle-même, son mouvement de *rotation*; c'est-à-dire comme une roue autour de son essieu.

Prenons cette orange, traversons-la de part en part avec une aiguille à tricoter, et faisons la tourner tout en inclinant l'aiguille, nous aurons une idée du mouvement de la terre: elle tourne ainsi d'Occident en Orient, et tous les astres, répandus dans l'espace qui nous environne, paraissent tourner autour d'elle dans l'autre sens, d'Orient en Occident.

Lucie. Je fais tourner la terre comme la cuisinière fait tourner un poulet à la broche.

André. La broche qui traverse la terre doit être assez grande.

M. Richard. Elle aurait, si elle existait, plus de douze millions sept cent mille mètres de longueur ; mais c'est une ligne imaginaire. On la nomme l'*axe*. Aux deux extrémités de l'axe, la terre est légèrement aplatie ; ces deux points sont ce qu'on nomme les *pôles* : l'un est le pôle nord ou *arctique* ; l'autre, le pôle sud ou *antarctique*, opposé au pôle arctique. Je vous donnerais une idée exagérée de cet aplatissement si j'appuyais sur cette orange ; car si nous représentions la terre par un globe de trente centimètres de diamètre ou de quatre-vingt-quatorze centimètres de tour, cet aplatissement égalerait à peine un millimètre.

Coupons en deux notre orange, juste à égale distance des deux points par où passe l'aiguille : le couteau

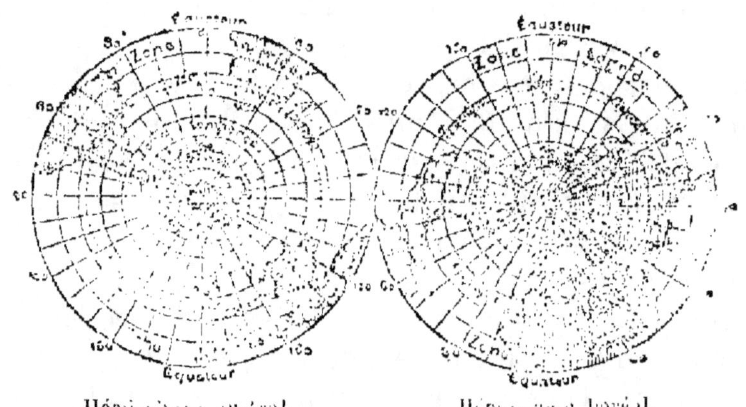

Hémisphère austral.   Hémisphère boréal.

marque sur l'écorce un grand cercle : celui qu'on imagine ainsi sur la terre est l'*équateur*, ainsi nommé parce qu'il couperait la terre en deux parties égales. Voici les deux moitiés de notre orange : chacune d'elles est une demi-sphère ; en parlant des moitiés de la terre, on dit des *hémisphères* ; nous aurions là l'hémisphère du nord ou *boréale*, et l'hémisphère du sud ou *austral*.

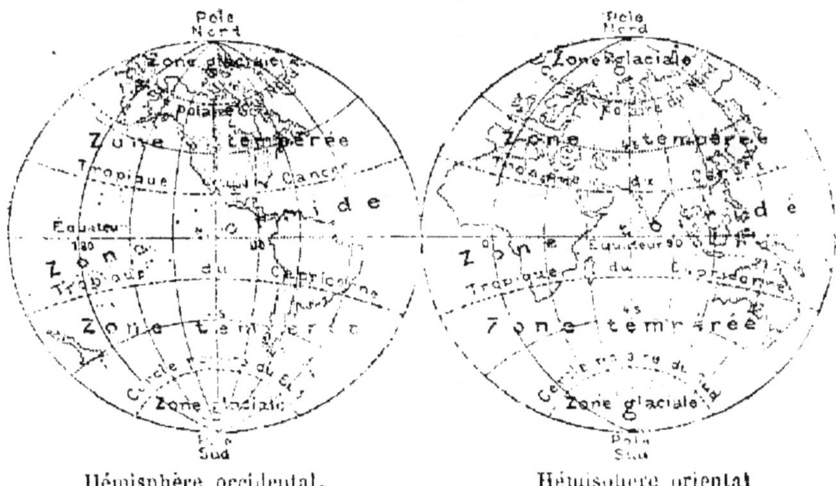

Hémisphère occidental.　　Hémisphère oriental

Coupons une autre orange, mais dans le sens de l'aiguille ; nous aurons l'hémisphère oriental et l'hémisphère occidental.

Julien. Lucie mange l'hémisphère boréal, Suzanne l'hémisphère occidental.

Pierre. Jacques mange l'hémisphère oriental, André l'hémisphère occidental.

M. Richard. Nos démonstrations vous permettront à chacun de manger une partie d'orange. Coupons celleci en tranches comme si nous voulions faire une salade d'oranges ; notre couteau trace chaque fois un cercle dans le même sens que l'équateur ; ce sont des *parallèles*, parce qu'ils ne s'éloignent ni ne se rapprochent de l'équateur en aucun point ; ils lui sont parallèles. Édouard, prends ce grand cercle en papier, et toi,

Pierre, prends ce petit. Repliez-les chacun en deux parties égales ; pliez-les encore en deux, puis en deux encore. Dépliez-les maintenant; chacune de vos circon férences est divisée en huit parties égales par les lignes qui viennent y aboutir en partant du centre, où elles se

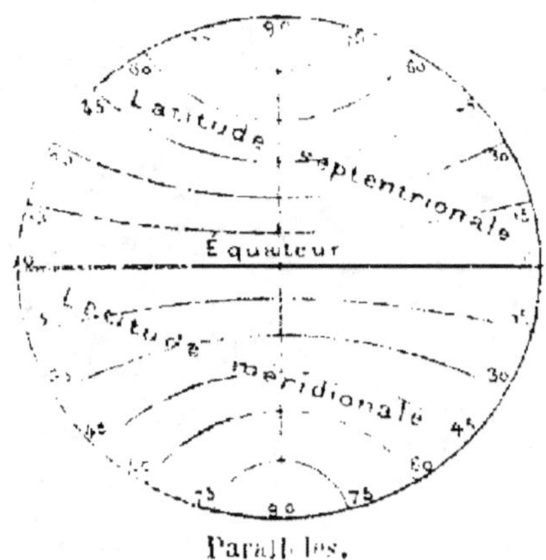

Parallèles.

croisent ; l'espace que ces lignes laissent entre elles est un *angle*. Plaçons nos cercles l'un sur l'autre de manière à faire correspondre leurs centres et leurs plis ; vous voyez que les lignes se confondent ; on dit que les angles sont égaux, car les lignes, quelle que soit leur longueur ont le même écartement. Si nous avions pu plier nos cercles de manière à tracer sur notre circonférence trois cent-soixante parties égales, nous les aurions divisés comme on divise tout cercle, en trois cent-soixante *degrés*; en les repliant encore pour diviser chaque degré en soixante parties, nous aurions eu des *minutes*; chaque minute divisée en soixante parties égales nous aurait donné des *secondes*.

Reprenons une orange, et marquons sur notre équateur, non pas trois cent-soixante parties égales, elles seraient trop petites; mais huit seulement, et

faisons passer notre couteau par chacun des points
de division : vous voyez que cela marquera quatre
grands cercles ; pour nos trois cent-soixante degrés
nous aurions cent quatre-vingts cercles ; mais vous
voyez aussi que tous se croisent aux deux pôles ;
sur leur parcours ils divisent en parties égales les
cercles parallèles à l'équateur, comme ils divisent
l'équateur lui-même. Les divisions vont en diminuant de largeur à mesure qu'on approche des

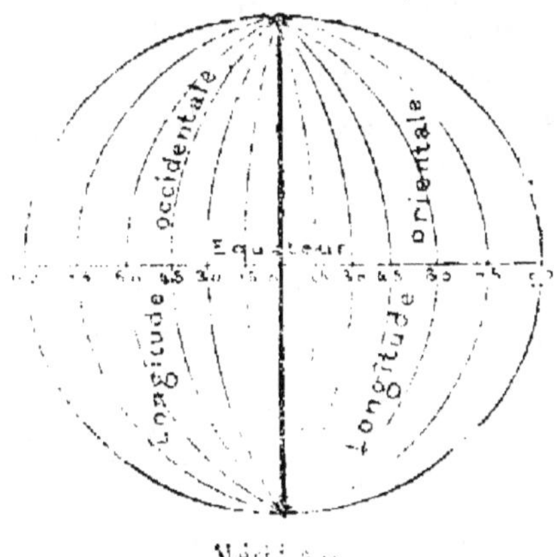

pôles ; les degrés tracés par ces lignes sur l'équateur
et sur les parallèles sont appelés *degrés de longitude*.

Chacune de ces lignes qui passent aux pôles en
coupant l'équateur, divise notre orange en deux
parties égales. Allumons cette petite bougie. Ce sera
le soleil ; faisons tourner à l'aide d'une aiguille, une
orange sur laquelle nous traçons un de nos grands
cercles ; quand la moitié du cercle est directement en
face de la bougie, c'est le milieu du jour pour tous les
points où passe cette moitié du cercle ; à cause de cela,
les cercles qui, passant aux pôles, divisent ainsi la terre
en deux parties égales, sont nommés *méridiens*. Les
degrés marqués sur les méridiens par les parallèles sont

des *degrés de latitude*. Sur les cartes et sur les sphères, on donne un numéro à chacun des méridiens et à chacun des parallèles. Le méridien d'où, en France, nous partons pour compter les autres, notre premier méridien, celui qui passe à Paris, porte le numéro zéro, l'autre moitié de ce cercle, celle qui passe pour nous derrière la terre, porte le numéro 180; chaque peuple fait passer le méridien zéro par un observatoire situé assez près de sa capitale.

Un observatoire est un établissement scientifique où des astronomes observent les astres.

On numérote aussi les parallèles ; l'équateur ayant le numéro zéro, chacun des parallèles au nord et au sud reçoit un numéro de 1 à 90 ; chaque pôle marque donc le quatre-vingt-dixième degré de latitude. Quand on veut déterminer la situation d'un lieu sur la terre, il faut indiquer sa longitude, c'est-à-dire sa distance au méridien de Paris, et sa latitude, c'est-à-dire sa distance à l'équateur.

Bravo, Julien, tu nous conduis en suivant d'assez près les bords du lac; nous pouvons voir que la rive tantôt s'élève au-dessus des eaux, tantôt s'abaisse à leur niveau ; quelquefois le terrain couvert de sable ou de gravier descend au loin en une pente douce qui se prolonge sous l'eau ; quelquefois les pierres bordent la rive comme une muraille, quelquefois cette muraille est à quelques pas de l'eau ; cela pourrait suffire pour vous donner une idée de la séparation de la terre et des eaux, en attendant que nous voyions la mer. La ligne où finit la terre et où commence l'eau forme la *côte*. Voyez comme la terre est découpée : ces endroits où l'eau s'avance dans la terre sont des *golfes*; plus petits ce seraient des *baies*; une petite baie peu profonde est une *anse*; plus petite encore, c'est une *crique*; plus petite et à sec quelquefois, c'est un *havre*. Quand une partie de mer est enfermée entre des terres qui

Rade. — Détroit.

mettent les vaisseaux à l'abri des vents violents, c'est une *rade*.

SUZANNE. — Oh! les jolies fleurs que je vois là-bas!

Port.

allons les cueillir pour en faire un bouquet; Julien, rame pour que nous descendions un instant.

JULIEN. — Tu ne pourrais débarquer ici; l'eau n'est

plus assez profonde à quelques mètres du bord, et le bateau ne pourrait approcher de la terre sèche.

M. Richard. — Il en est de même au bord de la mer ; aussi creuse-t-on au fond des baies ou des rades, à l'embouchure des fleuves, des endroits où peuvent aborder les vaisseaux, et qu'on appelle des *ports*.

Pierre. — A mon tour de ramer. Je vais vous faire

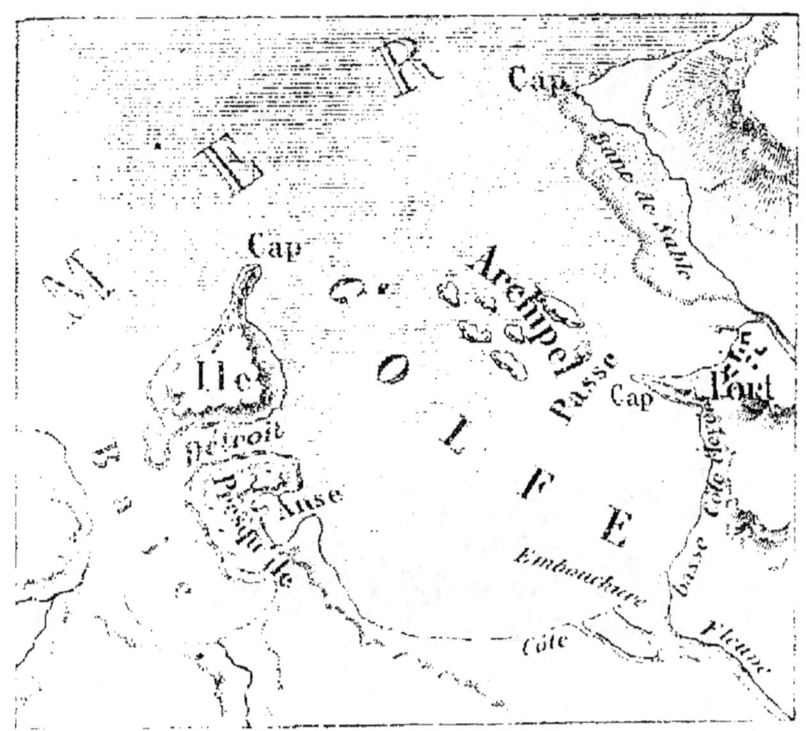

tourner autour de cette jolie pelouse que l'eau entoure de toutes parts.

André. — C'est une *île*. Là-bas il y en a plusieurs rapprochées.

Pierre. — C'est un *groupe d'îles* ou *archipel*.

M. Richard. — Nous allons débarquer dans une île ; j'y ai fait préparer le déjeuner ; nous y arriverons après avoir passé cette pointe de terre qui s'avance dans le lac, et qui forme ce qu'on appelle un *cap* ou *promontoire* Vous voyez qu'un cap est le contraire d'un golfe.

Cap.

ÉMILE. — Comme une ile est le contraire d'un lac.

M. MARTIN. — Ramez plus fort à gauche, ou nous irons nous jeter sur ces grands tas de pierres qu'on voi à fleur d'eau. Voulez vous me rendre les rames ? Il est plus difficile de se diriger ici, il n'y a qu'un passage assez étroit où il y ait assez d'eau pour notre bateau.

PIERRE. — Vous verrez, monsieur Martin, que je m'en tirerai bien ; je vais passer juste au milieu...

LUCIE. — Quel choc ! Suzanne et moi nous avons été renversées.

M. RICHARD. — Pierre nous a engravés dans cet amas de sable d'où il faut maintenant nous tirer.

ÉMILE. — Otons nos chaussures, et mettons-nous à l'eau ; nous dégagerons le bateau en le repoussant dans un endroit plus profond.

M. MARTIN. — C'est inutile ; mettez-vous, s'il vous plait, tous à l'arrière du bateau ; avec le croc je vais

appuyer contre cette pierre pour nous pousser au large...
Bien, nous y voilà...

M. Richard. — Des accidents semblables à celui qui
nous est arrivé par la faute de Pierre, ont souvent en
mer causé la perte des vaisseaux. En quelques endroits,
à une petite distance des côtes, se trouvent des amas
de sable bien plus étendus, et à une très faible
profondeur ; ce sont des *bancs de sable*. Des navires mal dirigés par leur équipage, comme notre
bateau par Pierre, ou bien poussés par un vent violent

Rochers. — Écueils.

on par les vagues soulevées par la tempête, entrainés
par des courants auxquels ils ne peuvent résister,
viennent s'y engraver comme notre bateau tout à
l'heure ; mais moins heureux que nous, leurs équipages
ne peuvent toujours les dégager ; alors les vagues qui
viennent les battre avec furie les mettent en pièces.
Quelquefois aussi des navires sont jetés contre des

pierres, des rochers à fleur d'eau, qu'on appelle des *récifs* ou des *écueils*; ils sont brisés par le choc, et l'équipage périt bien souvent dans les flots. En certains endroits, une ceinture de rochers s'étend parallèlement au rivage ; les vagues les frappent avec violence en écumant ce sont des *brisants*, et les embarcations ne peuvent les franchir qu'en s'exposant au plus grand péril.

Regarde, Pierre, comme M. Martin s'y prend pour faire passer le bateau entre ces deux îles. Il ne nous fera toucher ni à l'une ni à l'autre, et pourtant elles sont très rapprochées.

Quel nom donne-t-on à une partie d'eau ainsi resserrée entre deux terres ?

ÉDOUARD. — C'est un *détroit* ; cela nous rappelle un col, passage resserré entre deux montagnes.

ÉMILE. — Voyez donc au bout de cette grande île, une île plus petite qui lui est rattachée par une bande de terre allongée.

JULIEN. — S'il n'y avait pas cette bande de terre, si

Presqu'île. — Isthme.

nous pouvions passer avec notre bateau, la petite terre serait aussi une île, mais elle est entourée d'eau de tous côtés excepté d'un seul ; c'est presque une île, c'est donc une presqu'île. La langue de terre qui rattache une presqu'île à une autre terre est un *isthme*.

M. RICHARD. — Tu aurais pu nous dire de plus que la presqu'île est aussi appelée *péninsule*. C'est le même mot formé d'une autre manière. Les habitants des iles sont nommés *insulaires*.

J'ajouterai encore pour compléter ce que nous a dit Julien, qu'il y a de grandes parties de terres, formant de très grandes iles puisque la mer les entoure, mais pouvant renfermer plusieurs contrées ; on les appelle des *continents*. Ce sont les plus grandes parties de terre qu'on peut parcourir sans traverser la mer.

Nous allons bientôt arriver au but de notre promenade ; avant d'aborder, résumons ce que nous avons appris, puis nous déjeunerons ; et vous pourrez ensuite jouer à votre aise dans cette grande île.

RÉSUMÉ.

JULIEN. — *Points cardinaux*. — *S'orienter*. Les points cardinaux sont les quatre points qui marquent les grandes divisions de l'horizon ; ce sont : 1° le Levant, qu'on appelle aussi Est ou Orient, et qui marque le point du ciel où le soleil semble se lever ; 2° le Couchant, opposé au Levant, et où le soleil semble se coucher ; on l'appelle encore Ouest ou Occident ; 3° le Midi, entre le Levant et le Couchant ; le soleil y semble passer au milieu du jour, à midi ; on l'appelle aussi Sud ; 4° le Nord, en face du Midi ; on l'appelle aussi Septentrion.

S'orienter, c'est trouver l'Orient, et par suite les autres points cardinaux afin de pouvoir se diriger.

LUCIE. — *Fleuve*. — Un fleuve est un grand cours d'eau qui se jette dans la mer.

Rivière. — Une rivière est un cours d'eau moins considérable, qui se jette dans un fleuve.

Ruisseau. — Un ruisseau est encore moins grand qu'une rivière.

Affluents. — Les cours d'eau qui se jettent dans d'autres cours d'eau en sont les affluents.

Confluent. — Le confluent de deux cours d'eau est le point où ils se réunissent.

Source. — Le point où un cours d'eau sort de terre est sa source.

Lit. — Le creux que le cours d'eau parcourt est son lit.

Cours. — Le chemin qu'il fait est son cours.

Rives. — Les deux côtés qui bordent le cours d'eau sont ses rives ; on les distingue en rive droite, à la droite de celui qui, placé au milieu du cours d'eau, regarderait couler l'eau, et rive gauche, à la gauche du même observateur.

Amont. — *Aval*. — La partie du cours d'eau que cet observateur aurait derrière lui serait du côté de la source, de la montagne, en amont ; celle qu'il aurait devant lui serait en aval.

Embouchure. — L'endroit où un fleuve se jette dans la mer est son embouchure.

Chute d'eau. — *Cascade*. — *Cataracte*. — *Torrent*. — Si le cours d'eau rencontre dans son cours un terrain coupé brusquement, l'eau tombe de la hauteur, et forme une chute d'eau, qui très large et très haute prend le nom de cataracte ; s'il y a comme plusieurs degrés, c'est une cascade. Si la pente est très rapide, cela forme un torrent

Lac. — *Étang.* — Un lac est une grande étendue d'eau entourée de terre ; si les cours d'eau qui le forment n'en sortent pas, le lac est ordinairement de peu d'étendue et prend le nom d'étang.

JACQUES. — *Côte.* — La côte est l'endroit où la mer touche la terre.

Golfe. — *Baie.* — *Anse.* — *Rade.* — *Crique.* — *Havre.* — *Port.* — Le golfe est une partie de mer qui s'avance dans les terres ; une baie est un petit golfe ; plus petite encore, c'est une anse, une rade, une crique, un havre. Un port est creusé de main d'homme sur la côte ou à l'embouchure d'un fleuve pour que les vaisseaux puissent aborder.

Détroit. — Un détroit est une partie de mer resserrée entre deux terres.

SUZANNE. — *Île.* — *Continent.* — *Archipel.* — Une île est une partie de terre entourée d'eau ; si elle est très grande elle peut prendre le nom de continent ; c'est une vaste étendue de terre qu'on peut parcourir sans traverser la mer ; plusieurs îles rapprochées, groupées forment un groupe d'île ou archipel.

Presqu'île ou péninsule. — *Isthme.* — *Cap.* — Une presqu'île ou péninsule est une partie de terre entourée d'eau excepté d'un côté par où elle tient au continent ; la terre qui rattache la presqu'île au continent est un isthme ; un cap est une pointe de terre qui s'avance dans la mer.

Banc de sable. — *Écueil.* — *Brisants.* — Un banc de sable est un amas de sable qui arrive à la surface de l'eau ou très près de cette surface ; un écueil est un rocher souvent à fleur d'eau ; des rochers près de la côte et sur lesquels la mer vient se briser, sont appelés des brisants.

ÉDOUARD. — *Forme de la terre. — Pôles.* — La terre est ronde ; elle est légèrement aplatie en deux points opposés qu'on appelle les pôles ; l'un est le pôle nord ou pôle arctique ; l'autre le pôle sud ou pôle antarctique.

Axe. — La ligne imaginaire qui traverse la terre d'un pôle à l'autre et sur laquelle elle tourne, se nomme l'axe.

Équateur.—Hémisphères.—Parallèles.—Méridiens. — Si l'on trace à égale distance des deux pôles un cercle qui entoure la terre, qui la coupe en deux parties égales, ce cercle est l'équateur ; les deux parties de la terre ainsi séparées sont des hémisphères ou moitiés de sphère ; l'un est l'hémisphère boréal ou du nord ; l'autre, l'hémisphère austral ou du sud. Si l'on trace entre chaque pôle et l'équateur des cercles qui suivent la même direction que celui-ci, on aura des parallèles ; si au contraire on trace des cercles qui, passant par les pôles, coupent l'équateur, on aura des méridiens, ainsi nommés parce que chacun de ces cercles coupant la terre en deux parties égales, chacune de leurs moitiés réunit les points de la terre qui ont midi en même temps.

Chaque peuple prend pour premier méridien celui qui passe par son observatoire principal.

Degrés.—Tout cercle se divise en trois cent-soixante parties égales ou degrés ; chaque degré est divisé en soixante parties égales appelées minutes, et chaque minute en soixante parties appelées secondes.

Longitude. — Latitude. — Sur la terre les degrés comptés sur l'équateur ou les parallèles sont des

degrés de longitude, les degrés comptés sur les méridiens sont des degrés de latitude. La longitude d'un
lieu est la distance en degrés, minutes et secondes de
ce lieu au premier méridien; la latitude est sa distance
à l'équateur.

CINQUIÈME PROMENADE

Les enfants sautèrent lestement à terre ; ils trouvèrent à l'ombre des grands arbres une table dressée ; M. Martin fut invité avec Louise et Charles, et tous firent au déjeuner l'honneur qu'il méritait. Après avoir couru à leur entière satisfaction, ils se réunirent auprès de M. Richard. Là encore nos jeunes gens infatigables entamèrent des parties de billes et de toupie ; un grand cercle fut tracé sur la terre ; la toupie du plus maladroit

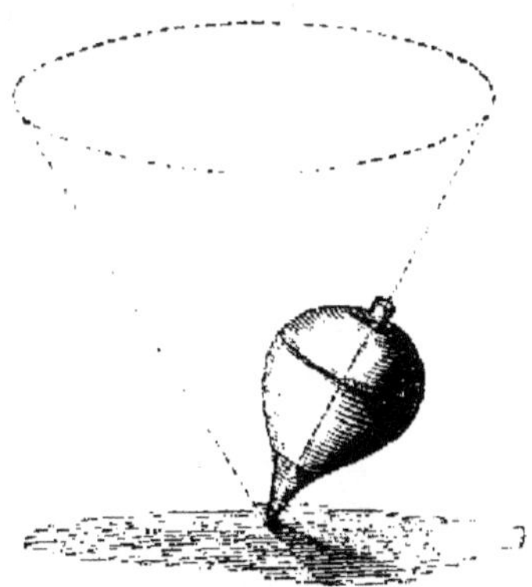

fut placée au centre et servit de potet. Chacun des autres joueurs s'appliqua à frapper le potet de sa toupie, qui devait ensuite sortir du cercle en tournant toujours, sous peine d'être elle aussi placée au centre pour recevoir les coups des toupies vigoureusement lancées.

ANDRÉ. — Bravo, Émile, c'est un beau coup ! Ta toupie a fortement frappé le potet, elle a rebondi, et voilà qu'elle trace un grand cercle, tout en tournant sur elle-même en s'inclinant.

M. RICHARD. — Julien, que te rappelle ce double mouvement de la toupie ?

JULIEN. — C'est ainsi que tourne la terre ; le potet représente le soleil ; la terre tourne autour de lui en un an, et pendant ce temps elle fait sur elle-même trois cent soixante-cinq tours et près d'un quart de tour.

M. RICHARD. — Chacun de ces tours, je vous l'ai dit, est un jour ; c'est pour cela que l'année est composée de trois cent soixante-cinq jours, et qu'on ajoute un jour de plus tous les quatre ans : me direz-vous comment on appelle cette année de trois cent soixante-six jours ?

ANDRÉ. — C'est une année bissextile : le mois de février a alors vingt-neuf jours, au lieu de vingt-huit qu'il a les autres années.

M. RICHARD. — Le chemin que fait la terre autour du soleil est nommé l'*orbite terrestre*. Cette ligne a une longueur de neuf cent trente millions de kilomètres ; la terre les parcourt en un an : elle fait donc plus de deux millions huit cent mille kilomètres par jour, ou cent six mille kilomètres à l'heure, près de mille huit cents kilomètres en une minute ou vingt-neuf mille quatre cent-cinquante mètres en une seconde.

SUZANNE. — Le temps de compter un, et nous sommes à trente kilomètres plus loin ; les trains de chemin de fer ne courent pas si vite.

M. RICHARD. — Les trains rapides font environ soixante kilomètres à l'heure ; ils font donc en une demi-heure ce que la terre fait en une seconde.

L'orbite terrestre n'est pas tout à fait un cercle, et le soleil n'est pas juste au centre. Vous rappelez-vous avoir vu le jardinier tracer l'emplacement des corbeilles ovales dont il a décoré le jardin ?

JULIEN. — Il plantait dans la terre deux piquets à chacun desquels il attachait un des bouts de la même corde ; il tendait ensuite avec un autre piquet la corde ainsi doublée, pour tracer sur la terre une ligne autour des deux premiers piquets.

M. RICHARD. — Faisons comme lui. Traçons d'abord sur la terre une ligne droite de 96 centimètres ; plantons un piquet à 47 centimètres de chacune des extrémités ; ces piquets, auxquels nous attacherons notre corde

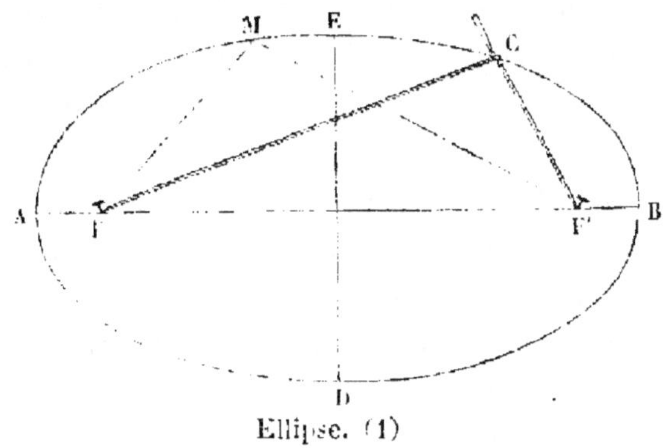

Ellipse. (1)

seront les *foyers* de notre *ellipse* ; c'est le nom qu'on donne à la courbe que nous traçons ; donnons à notre corde une longueur telle que notre pointe traçante atteigne des deux côtés l'extrémité de la ligne ; vous voyez que la courbe tracée ne diffère pas beaucoup d'une circonférence ; c'est une ellipse semblable que la terre décrit en un an autour du soleil, et cet astre se trouve à l'un des foyers de l'ellipse.

Plusieurs astres, qu'on nomme des *planètes*, tournent comme la terre autour du soleil en décrivant des el-

(1) Cette ellipse est beaucoup plus allongée que l'orbite terrestre ; réduite aux mesures données, le grand axe ayant 96 centimètres et les foyers étant placés à 47 centimètres des extrémités, le petit axe aurait 95 cent. 9784.

lipses à des distances plus ou moins grandes de l'astre central ; d'autres, les étoiles, sont si éloignées de nous qu'elles ne paraissent pas changer de place ; elles semblent rester toujours à la même distance les unes des autres, aussi les avait-on nommées *étoiles fixes* ; mais dans le mouvement apparent que la rotation de la terre leur fait décrire, elles paraissent toutes tourner comme si elles étaient attachées à une étoile placée à peu près à l'extrémité de l'axe terrestre prolongé jusqu'au ciel, c'est-à-dire en face du pôle Nord, et appelée pour cela *étoile polaire*. C'est en se guidant d'abord sur les étoiles voisines de l'étoile polaire, puis sur l'étoile polaire elle-même, que les hommes ont pu se diriger dans leurs premiers voyages sur mer ; mais ils n'osaient guère s'éloigner des côtes, lorsque l'invention de la boussole, au quatorzième siècle, permit aux navigateurs de suivre en tout temps la direction qu'ils voulaient.

Qu'est-ce donc qu'une boussole ? Prenons une aiguille à coudre, frottons-la avec cet aimant : la voilà aimantée ; elle attire elle-même d'autres aiguilles ; coupons un petit morceau de liège à ce bouchon, faisons-le traverser par notre aiguille, et plaçons l'aiguille et le bouchon dans ce verre d'eau.

LUCIE. — L'aiguille soutenue par le morceau de liège reste sur l'eau : elle tourne un peu ; elle s'arrête...

M. RICHARD. — Dérange-la ; tourne sa pointe vers moi, et laisse-la libre.

LUCIE. — Elle revient diriger sa pointe du même côté.

M. RICHARD. — Voilà une boussole. L'aiguille aimantée prend à peu près la direction du nord au sud ; si l'on marque une des pointes, on pourra toujours retrouver le Nord, et par suite les autres points cardinaux : on pourra aussi voir vers quel point se dirige le navire.

La boussole, semblable à celle que nous avons sous les yeux, a été inventée au commencement du quatorzième siècle, et depuis elle a été bien perfectionnée;

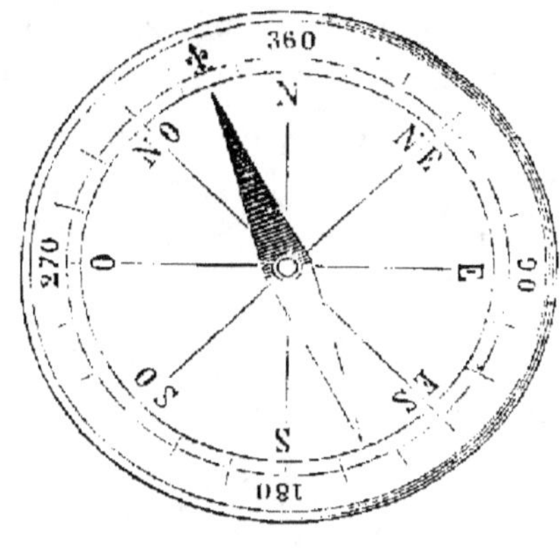

Boussole.

c'est aujourd'hui une boîte dont le fond porte toutes les divisions de l'horizon, et dans laquelle une lame ou aiguille aimantée est, par son milieu, suspendue sur la pointe d'un pivot.

Nous n'avons jusqu'ici divisé le cercle formé par notre horizon qu'en quatre parties ; divisons-le encore en plaçant un point entre le Nord et l'Est ; ce sera le Nord-Est. La ligne qui partant du Nord-Est passera par le centre, nous conduira entre le Sud et l'Ouest ; ce sera le Sud-Ouest. Le point entre le Nord et l'Ouest sera le Nord-Ouest, et en face, entre le Sud et l'Est, sera le Sud-Est. Ces quatre nouveaux points sont appelés points collatéraux. On divise ordinairement l'horizon en trente-deux parties ; quatre des points qui marquent les divisions sont les points cardinaux, quatre autres sont les points collatéraux, dont les noms sont formés de ceux des points cardinaux entre lesquels ils se trouvent. Les vingt-quatre autres ont des noms composés des noms répétés des premiers, selon qu'ils en sont plus ou moins rapprochés; ainsi il y a le Nord-Nord-Est, le Sud quart Sud-Ouest, etc. Le cercle ainsi divisé porte le nom de *rose des vents*.

SUZANNE. — Pourquoi ce nom de rose? Je ne vois aucun rapport entre ce cercle et une fleur.

M. RICHARD. — On marque ordinairement les divisions de ce cercle par des branches coloriées diversement, on a comparé ces branches, larges au centre

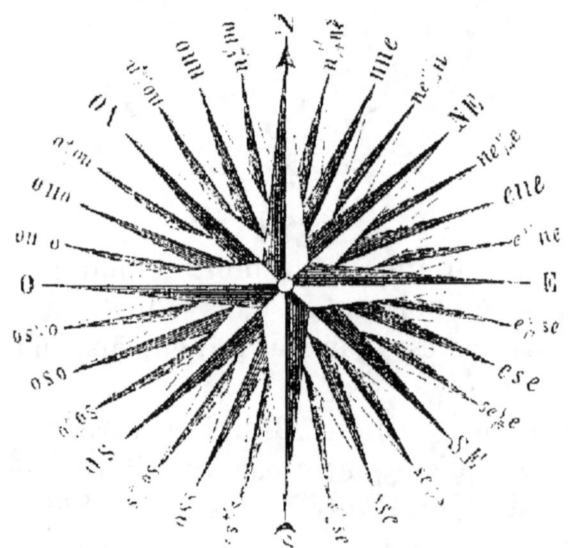

Rose des vents.

et finissant en pointe, aux nombreux pétales de la rose; de là ce nom de rose; et comme ce cercle permet aux marins d'indiquer le point précis d'où souffle le vent, on l'a appelé la rose des vents.

C'est grâce à la boussole que les hommes ont pu entreprendre des voyages de découvertes, et qu'ils connaissent toutes les parties de la terre. On compte cinq parties du monde : l'Europe, l'Asie, l'Afrique, l'Amé-

rique et l'Océanie. Les voici justement représentées sur
ce ballon en caoutchouc. Vous voyez qu'on pourrait
sans quitter la terre ferme passer de l'Europe en Asie,
et de là en Afrique ; ces trois parties du monde forment
un grand *continent;* on appelle ainsi, vous vous en
souvenez, un grand espace de terre qu'on peut parcourir sans traverser la mer ; c'est l'ancien continent
ou l'ancien monde. L'Amérique, formée de deux
grandes parties rattachées l'une à l'autre, forme le *nouveau continent* ou *nouveau monde ;* ce nom lui vient
de ce qu'elle n'a été découverte par les Européens qu'en
1492 après Jésus-Christ.

Cette grande terre au sud de l'Asie est le *continent
austral;* avec tous ces groupes d'îles répandus entre

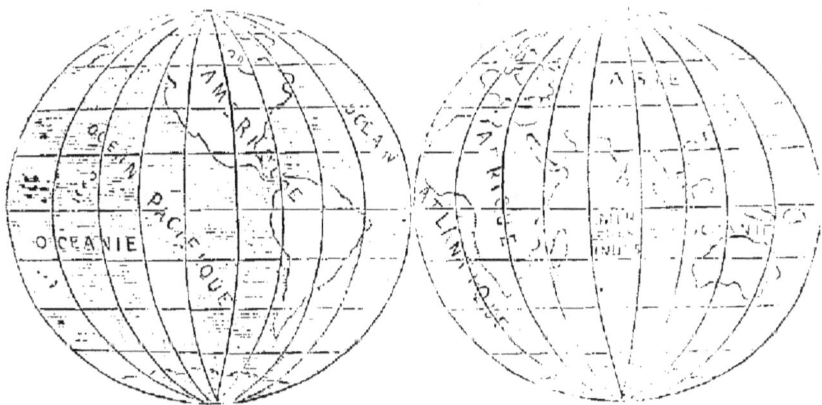

l'Asie et l'Amérique, cela compose l'*Océanie* ou *Monde
maritime.*

Si nous coupions notre ballon par un cercle passant
d'un côté entre l'Europe et l'Amérique, et de l'autre,
entre l'Amérique et l'Asie, nous aurions l'hémisphère
oriental comprenant l'ancien monde, le continent austral et les plus grandes îles de l'Océanie, et l'hémisphère
occidental, comprenant l'Amérique et les autres groupes
d'îles du monde maritime.

Vous avez vu tout à l'heure que la toupie tournait en s'inclinant, et je vous ai déjà dit que la terre est ainsi inclinée en tournant autour du soleil, de sorte qu'elle présente à cet astre son pôle nord, et six mois après son pôle sud; au milieu de chacun des intervalles, et par conséquent à six mois aussi d'intervalle, elle se présente au soleil en ne dirigeant vers lui ni l'un ni l'autre pôle: c'est ce qui produit les saisons et l'inégalité régulière des jours et des nuits. Vous allez le comprendre: vous rappelez-vous vous être approchés du feu en hiver? Était-ce quand vous étiez le plus près que vous aviez le plus chaud?

Julien. — Non, c'est quand nous étions plus directement en face du feu.

M. Richard. — Voyez, j'approche mon doigt assez près sur le côté de la flamme de cette petite bougie que je viens d'allumer: ferais-je de même impunément en plaçant ma main au-dessus de la flamme? Non, sans doute. La force, l'intensité de la chaleur dépend donc de la direction des rayons. Quand la terre présente le pôle Nord au soleil, l'hémisphère septentrional a l'été,

Été au nord — hiver au sud 21 juin.

et l'hémisphère méridional a l'hiver; quand elle présente le pôle Sud, l'hémisphère austral a l'été à son

tour, et l'hémisphère boréal a l'hiver. Quand la terre se
présente au soleil, par le travers pour ainsi dire, ni l'un
ni l'autre pôle n'étant dirigé vers le soleil, l'un des

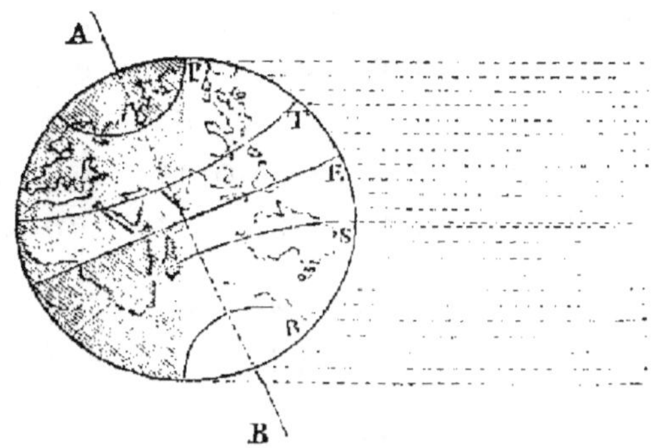

Été au sud — hiver au nord 21 décembre.

hémisphères a le printemps, et l'autre l'automne ; c'est
le contraire six mois après.

A ces différences de saisons répondent, outre des
différences de température, des différences très
grandes dans la durée du jour et de la nuit. Pour
les marquer, on a divisé la terre en cinq bandes
ou zones. Prenons une orange ; supposons-la divisée
en degrés de latitude : d'un pôle à l'autre il y aura,
vous le savez, cent quatre-vingts degrés ; au hui-
tième environ de cette distance, à vingt-trois degrés et
demi à peu près, de chaque pôle, je fais passer mon
couteau ; je sépare ainsi deux calottes égales comprenant chacune un des pôles ; ce sont les deux zones glaciales, ainsi nommées parce qu'elles sont toute l'année,
dans presque toute leur étendue, couvertes de neiges et
de glaces épaisses. Faisons passer le couteau de chaque
côté de l'équateur, à une distance de ce cercle égale à la
distance du pôle à la première coupure que nous avons
faite ; voilà trois rondelles ; celle du milieu traversée
par l'équateur est à peu près le double de chacune des

autres; elle se nomme zone torride ou brûlante, parce
que l'on y a partout, au moins deux fois par an, le soleil
directement au-dessus de la tête. Les deux autres sont
les zones tempérées, l'une du Nord, l'autre du Sud.
Voilà donc nos cinq zones. Rapprochons les parties de
notre orange : ces traces du couteau forment quatre
cercles qui portent différents noms. Ce sont, à égale
distance du côté des pôles, les deux cercles polaires,

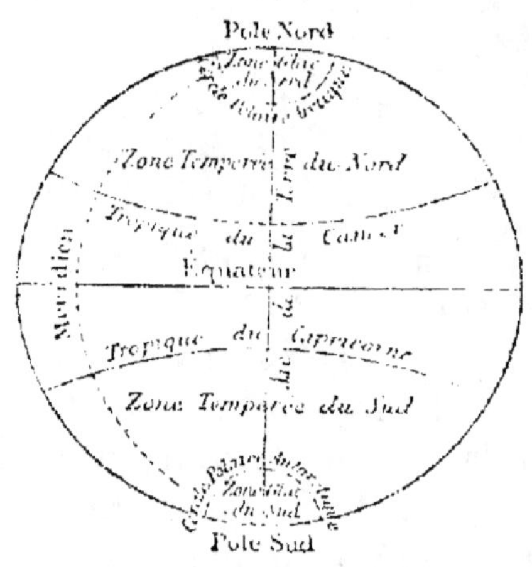

au Nord le cercle polaire *arctique*, au Sud le cercle polaire *antarctique* ; ils séparent chaque zone glaciale de
la zone tempérée correspondante. Les deux autres cercles, qui séparent les zones tempérées de la zone torride,
sont au Nord, le *tropique du Cancer*, au Sud, le *tropique du Capricorne*.

LUCIE. — Voilà des noms bien extraordinaires.

M. RICHARD. — Un de ces jours je vous expliquerai
la signification de ces noms et pourquoi on les a choisis ; je veux seulement aujourd'hui vous parler de
l'inégalité de la température et de la durée du jour
dans chaque zone. La zone torride a une température
toujours très élevée ; on n'y connaît que deux sai-

sons, la saison sèche et la saison humide, ou hivernage ; le jour et la nuit, égaux toute l'année à l'équateur, ne diffèrent que fort peu jusqu'aux tropiques.

Les zones tempérées ont quatre saisons avec des inégalités de température assez grandes suivant les saisons;
vous vous en êtes aperçus, vous qui habitez au milieu
de la zone tempérée du Nord. Vous avez remarqué aussi
que pendant le printemps et l'été nos jours sont plus
longs que les nuits et que pendant l'automne et l'hiver
les nuits sont plus longues que les jours.

SUZANNE. — L'hiver, quelquefois il ne fait pas jour
avant huit heures du matin, et la nuit arrive à quatre
heures du soir.

ÉMILE. — Au mois de juin, il n'y a presque pas de nuit.

M. DUVAL. — Dans les deux zones glaciales, l'hiver
dure presque toute l'année; c'est à peine s'il y a un été
très court mais assez chaud. Les différences du jour et
de la nuit sont considérables ; au cercle polaire, il y a
un jour, le 21 juin pour le Nord, où le soleil ne
se couche pas, le jour dure vingt-quatre heures, plus
loin c'est par mois qu'il faut mesurer cette différence,
au pôle enfin le jour et la nuit sont égaux et durent
chacun six mois. La même chose a lieu au pôle Sud,
mais pendant que le pôle Nord a le jour, le pôle Sud a
la nuit ; et le 21 juin le soleil ne se lève pas de la journée
au cercle polaire antarctique ; il ne se couche pas le 21
décembre, mais ce jour-là, au cercle polaire arctique,
on ne verrait pas le soleil se lever.

ANDRÉ. — Les habitants des zones glaciales doivent
bien s'ennuyer pendant des nuits si longues.

M. RICHARD. — Il n'y a point d'habitants dans la
zone glaciale du Sud ; il y en a fort peu dans la zone
glaciale du Nord, et la plupart n'y restent pas pendant ces

longues nuits. Mais quelquefois des navigateurs et des savants, par dévouement pour la science, ont été s'établir dans ces régions ; ils y ont passé la saison d'hiver, supportant, outre cette longue obscurité, des froids dont rien ne pourrait vous donner l'idée dans nos climats tempérés. Plusieurs de ces hardis explorateurs ont trouvé la mort dans ces glaces ; mais cela n'a pas découragé leurs imitateurs. C'est grâce à ces hommes dévoués que nous connaissons ces parties de notre terre que leur terrible température semblait devoir dérober à la connaissance des hommes.

Dans les zones glaciales, il n'y a que deux saisons, l'hiver, très froid, très rigoureux, très long, et l'été très chaud, mais très court ; c'est à peine si la chaleur fait pousser à la hâte quelques plantes, qui fleurissent et mûrissent en peu de jours ; mais il n'y a ni arbres, ni arbustes. Quelques oiseaux, des ours blancs, des baleines, des phoques, des rennes, et quelques animaux à fourrure visitent ces régions désolées où la terre et la mer sont couvertes de glaces énormes.

Les zones tempérées jouissent d'un climat généralement agréable, également éloigné des extrêmes de chaud et de froid. Les quatre saisons sont assez marquées ; la végétation y est presque partout abondante, et donne des bois, des fruits, des légumes, des grains, des fourrages. Les hommes qui habitent la zone tempérée du Nord ou leurs descendants sont plus civilisés que ceux qui habitent les autres parties de la terre ; on y trouve peu d'animaux dangereux, mais les animaux domestiques y sont multipliés. Vous pourriez citer ceux que vous connaissez : les bœufs, les chevaux, les ânes, les moutons, les chèvres, les porcs, les poules, les chiens, les chats, etc.

Dans la zone torride la végétation est d'une abondance et d'une force extraordinaires ; les hommes y sont moins actifs que dans les zones tempérées ; les animaux les plus grands et les plus redoutables les habitent ; c'est là surtout que vivent les éléphants, les lions, les tigres, les panthères ; c'est de là que nous viennent le poivre, la cannelle, les épices, le café, le cacao, dont on fait le chocolat, la canne à sucre, le coton.

Notre ballon nous permettra de voir quelles sont les parties de la terre comprises dans chaque zone : voici les cercles polaires, il n'y a au Nord de celui-ci, c'est-à-dire dans la zone glaciale du Nord, que la partie septentrionale de l'Europe, de l'Asie et de l'Amérique. Au Sud de l'autre cercle polaire, c'est-à-dire dans la zone glaciale du Sud, on ne connaît que quelques parties de terre toujours couvertes de glaces énormes, qui, couvrant aussi l'Océan, ont empêché et empêcheront peut-être toujours de pénétrer plus loin et de s'assurer que toutes ces terres appartiennent à un même continent.

Dans la zone tempérée du Nord, vous trouverez la plus grande partie de l'Asie, presque toute l'Europe, le nord de l'Afrique, une assez grande partie de l'Amérique septentrionale et quelques petites îles de l'Océanie. La zone torride comprend les parties méridionales de l'Asie, une très grande partie de l'Afrique, le sud de l'Amérique septentrionale, à peu près la moitié de l'Amérique méridionale, et le plus grand nombre des îles de l'Océanie.

La zone tempérée du Sud renferme bien moins de terres que celle du Nord ; nous n'y trouvons qu'une petite partie de l'Afrique, une partie de l'Amérique méridionale ; en Océanie, quelques îles et la partie méridionale du continent austral ; puis tout à fait au

Sud quelques îles et quelques parties récemment découvertes qui se prolongent au Sud du cercle polaire.

En examinant notre sphère nous pouvons remarquer que l'hémisphère du Nord renferme surtout des terres, et que dans l'hémisphère du Sud ce sont les eaux qui dominent surtout.

Remontons dans notre bateau, et résumons ce que nous venons d'apprendre de nouveau.

RÉSUMÉ.

JULIEN. — *Révolution de la terre*. — *Orbite*. — La terre, en même temps qu'elle tourne sur elle-même en un jour, tourne autour du soleil en un an, c'est son mouvement de révolution ; ce chemin qu'elle suit est son orbite.

Ellipse. — *Foyers*. — Une ellipse est une courbe qui, à la différence de la circonférence, n'a pas deux diamètres égaux ; les foyers de l'ellipse sont deux points qui servent à la tracer ; l'orbite de la terre est une ellipse presque semblable à une circonférence, et dont le soleil occupe un des foyers.

PIERRE. — *Boussole*. — La boussole est un instrument composé d'une aiguille aimantée, suspendue sur un pivot, une des deux pointes se dirige à peu près vers le Nord, l'autre vers le Sud ; cet instrument est indispensable aux navigateurs.

ANDRÉ. — *Parties du monde*. — *Continents*. — *Mondes*. — On divise la terre en cinq parties qu'on nomme parties du monde : l'Europe, l'Asie, l'Afrique, l'Amérique, l'Océanie. Les trois premières forment l'ancien continent ou l'ancien monde, la quatrième forme le nouveau continent ou nouveau monde ; la cinquième, composée d'îles, forme le monde maritime ; la plus grande de ces îles, l'Australie, forme le continent austral.

JACQUES. — *Les hémisphères.* — L'hémisphère oriental est celui qui renferme l'ancien monde et les plus grandes îles de l'Océanie ; l'hémisphère occidental est celui qui renferme l'Amérique et les autres îles de l'Océanie.

ÉDOUARD. — *Zones.* On divise la terre en cinq zones ou bandes. Deux zones glaciales : la zone glaciale du Nord, limitée par le cercle polaire arctique, et la zone glaciale du Sud, limitée par le cercle polaire antarctique ; deux zones tempérées : la zone tempérée du Nord, comprise entre le cercle polaire arctique et le tropique du Cancer, et la zone tempérée du Sud, comprise entre le cercle polaire antarctique et le tropique du Capricorne ; enfin la zone torride, comprise entre les deux tropiques, et traversée au milieu par l'équateur.

ÉMILE. — *Parties de la terre comprises dans chaque zone.* — La zone glaciale du Nord ne comprend que le nord de l'Asie, de l'Europe et de l'Amérique. La zone tempérée du Nord renferme une grande partie de l'Asie, presque toute l'Europe, le nord de l'Afrique, une grande partie de l'Amérique septentrionale et quelques petites îles de l'Océanie.

La zone torride comprend le sud de l'Asie, le milieu de l'Afrique, le sud de l'Amérique septentrionale, le nord de l'Amérique méridionale, plusieurs îles et groupe d'îles de l'Océanie et le nord du continent austral.

La zone tempérée du Sud renferme le sud de l'Afrique, le sud de l'Amérique méridionale, quelques îles de l'Océanie et la partie méridionale du continent austral, ainsi que quelques terres couvertes de glaces, qui touchent au cercle polaire antarctique.

Dans la zone glaciale du Sud, où l'on ne pénètre que bien difficilement à cause des glaces immenses, on ne connait que quelques terres inhabitables.

Suzanne. — *Productions de chaque zone.* — Les zones glaciales ne produisent ni arbres ni arbustes ; dans la zone glaciale du Nord, qui seule a quelques parties habitées, on trouve quelques oiseaux, des ours blancs, des baleines, des phoques, des rennes et des animaux à fourrure.

Les zones tempérées produisent des bois, des fruits, des légumes, des grains, des fourrages, de nombreux animaux domestiques et quelques animaux dangereux.

La zone torride a une végétation abondante et forte, des animaux redoutables : des éléphants, des lions, des tigres, des panthères, etc. On y récolte le poivre, la cannelle, les épices, le café, le cacao, la canne à sucre, le coton.

Lucie. — *Aspect des deux hémisphères.* — L'hémisphère Nord renferme la plus grande partie des terres ; l'hémisphère Sud, la plus grande partie des eaux.

SIXIÈME PROMENADE

Suzanne. — Voici toutes les provisions placées dans la voiture ; le père Jean achève d'atteler Charlot, et nous n'avons plus qu'à partir.

André. — C'est moi qui vais conduire d'abord ; je connais bien le nouveau chemin allant au bois des Grandes-Tuileries.

M. Richard. — J'ai voulu tenir ma promesse ; mais peut-être aurions-nous mieux fait de remettre notre partie ; la chaleur est déjà bien forte ce matin. Voyez là-bas ces petits nuages ; notre déjeuner sur l'herbe pourrait bien être interrompu par l'orage, et nous ne trouverions pas facilement un abri, car la fabrique de tuiles est encore assez loin de l'endroit où nous devons nous arrêter.

Lucie. — Si nous sommes mouillés, ce sera plus amusant encore.

M. Richard. — Partons ; mais pour ménager les forces de notre âne, personne ne montera dans la voiture avant la croix du Gibet, tout au haut de la côte. La route que nous suivons peut d'ailleurs fournir l'occasion de plusieurs observations intéressantes. Pour l'ouvrir, afin qu'elle eût une pente régulière sans brusques montées et sans descentes rapides, on a, tout en lui faisant décrire quelques courbes, creusé une tranchée qui lui fait traverser ce petit monticule. Que voyez-vous des deux côtés de la route ?

ÉDOUARD. — Des bandes de terre de différentes couleurs : d'abord sous l'herbe, une couche assez épaisse de terre noire.

M. RICHARD. — C'est *l'humus*, ou terre végétale ; c'est dans cette couche de terre que les plantes ont leurs racines ; elle est formée de débris de toute espèce, et renferme seule ce qui peut nourrir les végétaux. Plus cette couche est épaisse, plus les champs donnent des produits abondants.

ÉMILE. — Au-dessous, il y a une couche de sable et de petits cailloux, comme le sable et les cailloux que l'on trouve au bord de la rivière.

M. RICHARD. — C'est une rivière, qui coulait ici il y a bien des siècles, qui a déposé cette couche, comme aussi les pierres superposées que vous voyez au-dessous se sont formées lentement au fond des eaux d'un lac qui couvrait tout le plateau.

JACQUES. — Dans le sable, on trouve de petits coquillages.

JULIEN. — Tu peux en voir aussi incrustés dans la pierre, comme tu en as vu dans les marches du perron ; ce sont les coquilles des animaux qui vivaient dans les eaux.

PIERRE. — Voici maintenant une couche de terre glaise ; l'eau ne peut la traverser ; c'est avec cette terre qu'on fait les briques, les tuiles, les poteries de toute sorte.

JACQUES. — Voyez donc cette fumée et cette flamme qui sortent de la montagne là-bas.

SUZANNE. — C'est un volcan !

M. RICHARD. — Il n'y a plus de volcans dans notre pays, et il n'y en a jamais eu dans cette contrée. Ne devinez-vous pas ce que ce peut être ?

ÉDOUARD. — Je le vois de cette hauteur ; c'est la grande cheminée de l'usine, qui était entièrement cachée par le sommet de la colline.

JACQUES. — Qu'est-ce donc qu'un volcan ?

SUZANNE. — C'est une montagne qui jette de la fumée, des flammes, des pierres fondues et brûlantes

Volcan.

qu'on appelle des laves, des matières brûlées, qu'on nomme scories. Tout cela sort par une ou plusieurs ouvertures qu'on appelle des cratères.

LUCIE. — Mais d'où vient ce feu ?

M. RICHARD. — Un grand nombre de savants pensent qu'à une certaine profondeur, quatre-vingts kilomètres peut-être, tout l'intérieur du globe est en feu ; les volcans seraient comme des cheminées par où ce feu se ferait jour quelquefois ; cette sortie violente du feu et des matières brûlantes est ce que l'on nomme une *éruption*. Les éruptions des volcans exercent les plus grands ravages sur les terres environnantes ; à certaines époques, des villes ont été détruites, ensevelies sous les cendres et les matières lancées par les volcans.

Quelques savants doutent de l'existence du feu central, et donnent une autre explication des éruptions volcaniques. Mais ce que l'on peut affirmer, c'est qu'après une petite profondeur, la chaleur augmente assez régulièrement à mesure que l'on descend dans la terre. En certains endroits jaillissent des sources d'eau chaude, ou *sources thermales*, et l'on peut d'après leur chaleur dire à combien de mètres de profondeur leur eau était descendue dans la terre avant de remonter à la surface. Mais dans les promenades que nous faisons cette année, je ne veux vous donner que les premières notions. Nous réserverons pour plus tard des connaissances plus intéressantes, mais qui exigent plus d'attention et d'efforts.

On arriva bientôt à la croix du Gibet, et la voiture roula sur le sol presque horizontal du plateau ; chacun des enfants voulut à son tour servir de cocher, jusqu'à ce qu'on atteignit dans le bois la place choisie pour le déjeuner ; on s'installa sur l'herbe, et l'on expédia promptement les provisions apportées. Maître Charlot de son côté avait trouvé sous les arbres une table toute servie, et malgré quelques morceaux de pain, quelques friandises que lui apportaient les enfants, son empressement témoignait du plaisir qu'il trouvait à brouter l'herbe savoureuse.

Mais, comme l'avait prévu M. Richard, le temps se mit brusquement à l'orage ; les nuages accumulés furent sillonnés par les éclairs, les grondements du tonnerre se firent entendre de plus en plus retentissants et rapprochés, et de larges gouttes commencèrent à tomber. On se hâta d'atteler Charlot, et l'on se dirigea vers l'usine pour s'y abriter; mais on n'était pas arrivé à moitié chemin que la pluie devint torrentielle; on n'eut que le temps d'entrer avec la voiture dans une carrière en exploitation qui s'ouvrait au bout d'un petit chemin à quelques mètres de la route.

M. RICHARD. — Nous voici à l'abri ; je vous recommande à tous de ne pas vous éloigner même de quelques pas ; je ne crains pas pour vous les éboulements, mais vous pourriez dans l'obscurité tomber dans quelque trou ou vous engager dans quelque galerie où il serait difficile de vous retrouver, car la carrière s'étend de tous côtés assez loin sous la colline.

ÉMILE. — Pourquoi creuse-t-on ainsi dans la terre? J'ai vu des endroits où l'on avait ouvert des tranchées pour enlever les pierres.

PIERRE. — Si l'on avait fait de même ici, nous ne serions pas à l'abri de la pluie.

M. RICHARD. — Ce n'est pas précisément cette considération qui a décidé le propriétaire de la carrière. Lorsque la pierre que l'on veut extraire se trouve très près de la surface, on exploite la carrière à ciel ouvert; mais lorsque la pierre se trouve à une certaine profondeur, lorsque la couche est épaisse, on fait comme ici, et l'on a l'avantage de laisser la surface à la culture ou à la plantation de bois. Il en est de même dans les mines, plus profondes ordinairement que les carrières, et d'où l'on extrait la houille ou charbon de terre, les métaux : le fer, le cuivre, le plomb, l'argent, etc.

ÉDOUARD. — J'ai lu qu'à une époque ancienne les hommes habitaient les grottes et les cavernes.

M. RICHARD. — C'étaient d'abord les grottes et les

cavernes naturelles ; on croit que chez quelques peuples elles servirent surtout de tombeaux ; dans les pays où ces grottes étaient rares, on en fit d'artificielles en disposant de grandes pierres qu'on recouvrait ordinairement de terre ; mais il y a des peuples qui ont disputé les grottes aux animaux qui s'y réfugiaient, puis ils ont creusé des habitations dans la terre avant même de songer à employer les pierres pour des constructions. De nos jours encore dans quelques localités, en France même, des habitations sont creusées dans le roc, et l'on voit sortir au milieu des vignes qui garnissent le coteau, les cheminées de ces habitations souterraines.

JACQUES. — La jolie pierre que je viens de trouver dans ce coin ! on dirait une pomme.

JULIEN. — C'est un oursin fossile ; ta pierre a été un animal. Il y a bien longtemps, quand la pierre de cette carrière s'est formée, l'animal mort s'est trouvé dans l'eau, et chaque grain de sa substance a été à la longue remplacé par un grain de pierre.

M. RICHARD. — C'est très bien, Julien, ton explication est suffisante pour le moment ; ajoutons qu'on trouve partout des débris d'animaux, des restes d'animaux entiers de toute taille, qui ont ainsi été enfouis dans la terre, et qu'on appelle des animaux *fossiles*.

LUCIE. — Il commence à pleuvoir dans la carrière, je viens de sentir une goutte d'eau sur mon front.

M. RICHARD. — Il y a probablement une fissure dans les pierres qui forment la voûte, le ciel de la carrière.

SUZANNE. — Regardez donc là-bas, comme de grosses dents blanches et pointues qui pendent à la voûte ; de petites gouttes d'eau les suivent et tombent à terre.

M. RICHARD. — Ce sont des *stalactites*. Chaque goutte d'eau qui s'enfiltre dans la terre se charge en passant de petits grains de pierre ; quand elle arrive à la voûte, elle reste quelque temps suspendue, elle abandonne un grain de pierre, et tombe sur le sol où elle

Grotte. — Stalactites. — Stalagmites. — Piliers.

dépose en s'évaporant les grains de pierre qu'elle contenait encore ; une nouvelle goutte apporte de nouveaux grains, et c'est ainsi que se forment, en s'allongeant toujours, les stalactites ; en face, sur le sol une pointe s'élève lentement c'est une *stalagmite*. Au bout de bien des années, des siècles même, la stalactite et la stalagmite se joignent et forment un pilier, une colonne ; il y a des grottes où les stalactites, les stalagmites, les piliers offrent le spectacle le plus curieux, le plus éblouissant, quand on y pénètre avec des torches, dont la lumière est renvoyée en tous sens comme par des miroirs. Comment se sont formées ces grottes naturelles ? Les infiltrations très abondantes forment de tous côtés des rivières souterraines, aussi larges, aussi profondes que les cours d'eau qui coulent à la surface de la terre; souvent même, elles forment des lacs; si l'entrée du cours d'eau est venue à s'obstruer, si un mouvement des terres a détourné une partie du cours supérieur, le lit inférieur s'est vidé, et voilà une caverne formée. Si le sol était favorable, les stalactites et les stalagmites ont commencé à se produire, et plusieurs siècles, après les hommes ont découvert ces grottes merveilleuses.

JULIEN. — La pluie a cessé ; nous pouvons sortir de la carrière.

M. RICHARD. — L'orage a rafraîchi l'air : voyez comme les plantes semblent avoir pris une nouvelle vie.

SUZANNE. — L'eau coule de toute parts, il y a partout de grandes flaques d'eau, et nous marchons dans la boue ; notre pauvre Charlot a bien de la peine à tirer sa voiture, malgré le secours de Julien et de Pierre.

M. RICHARD. — Nous voici revenus sur le plateau : voyez comme l'eau encaissée dans ce creux s'écoule rapidement des deux côtés dans ces ravins. Cela peut vous donner une idée de la *ligne de partage des eaux*. Les sources se forment sur les deux flancs, les deux versants des chaînes de montagnes, de collines, elles sortent des lacs au milieu des plateaux, et les cours d'eau qui ont commencé très près les uns des autres,

suivent des directions différentes, et se rendent à
d'autres mers en se réunissant avec d'autres cours d'eau
qui suivent la même pente. Les terres parcourues, arrosées par les cours d'eau qui se réunissent ou se rendent
dans la même mer forment un *bassin*. Ce bassin prend
le nom du cours d'eau le plus important.

Presque toujours à leur origine les fleuves et les rivières
sont des torrents, qui descendent rapidement dans les
ravins qu'ils creusent, entraînant les terres et les pierres;
puis la pente diminuant, le cours devient moins rapide,
les pierres s'arrêtent, le sable, la terre se déposent, et
ce qui était au sommet de la montagne se trouve petit
à petit transporté dans la plaine. Après un temps
assez long, il s'est opéré une sorte de nivellement; mais
d'un autre côté, il est arrivé que l'écoulement des
eaux a enlevé toute la terre du plateau et laissé à nu
les masses de pierres, que les ravins formés se sont
élargis et sont devenus de petites vallées aux bords
escarpés. C'est ainsi que se modifie sans cesse, la surface du sol. Parfois l'eau ayant à la longue enlevé la
terre sur laquelle posaient des rochers, ces masses
énormes ont été précipitées dans les vallées et ont roulé
bien loin de la montagne dont ils se sont détachés.

Cette grosse pierre sur laquelle vous vous asseyez,
est sans doute venue de la montagne que vous apercevez
dans le lointain.

ANDRÉ. — Comment ce gros bloc de pierre aurait-il
pu être transporté par les eaux ? Il aurait bien pu rouler
dans la vallée, mais comment aurait-il été soulevé pour
remonter sur le plateau ?

M. RICHARD. — Je dois d'abord vous dire que la température a changé souvent dans les diverses régions ;
il y a eu alternativement de longues époques de très

grande chaleur, puis de longues époques des froids les plus rigoureux ; la région tout entière était couverte

Glacier

de glaces épaisses ; ces glaces remplissaient les précipices sur les pentes des montagnes, et formaient

Fonte des glaciers.

ce qu'on appelle des *glaciers* ; les pierres, les rochers roulaient et s'arrêtaient sur leur surface ;

quand succédait une période de chaleur, la glace, fondue en dessous, glissait sur la pente, transportant les pierres, et laissant comme témoignage de son passage, des sillons sur les flancs des rochers, et sur ses bords, des amas de pierres ou *moraines,* qui se déposaient à mesure que fondait la glace. Les mêmes effets se produisent encore sous nos yeux, car dans plusieurs montagnes, il y a de grands espaces profonds remplis d'une glace épaisse; plusieurs sont si vastes que ce sont de véritables lacs glacés ; on dirait une mer gelée tout d'un coup au moment où une tempête soulevait les flots. La glace fond par les endroits où elle touche la terre, en dessous et sur les bords; elle descend lentement; l'eau de sa fonte s'infiltre dans la terre et forme les fleuves, les rivières, les torrents, les gaves. La chute des neiges, leur transformation en *névé* ou pâte glacée, alimentent les glaciers en remplaçant à la surface la glace fondue à la couche inférieure.

Les grosses pierres, les blocs de rochers transportés et déposés par les glaces dans les terrains avec lesquels souvent ils n'ont aucun rapport d'origine ou de nature, portent le nom de *blocs erratiques.*

Il vous est facile de comprendre qu'à l'époque glaciaire tout l'espace qu'embrasse notre vue jusqu'aux montagnes qui, de toutes parts, bornent l'horizon, formait un grand bassin avec des profondeurs variées et rempli de glace ; puis quand la glace a fondu, c'était un lac dont les sommets des collines et le plateau étaient les îles ; les plus rapprochées les unes des autres formaient un archipel. Vous pouvez par la pensée rétablir les choses comme elles étaient à cette époque reculée.

Nous serons, mes amis, forcés de renoncer pour aujourd'hui à notre visite à l'usine ; les chemins sont devenus trop mauvais. Nous allons revenir aux Savelles; mais avant de nous mettre en route, résumons les notions nouvelles que nous avons acquises ou revues aujourd'hui.

RÉSUMÉ.

JULIEN. — *Couches de terre.* — *Humus.* — La partie supérieure de l'écorce terrestre est formée de plusieurs couches, que l'on voit toujours dans le même ordre quand on fait des tranchées, ou quand on creuse profondément. Ce sont des pierres, des argiles ou terres glaises, de la craie, des sables, des cailloux. L'humus est la terre noirâtre dans laquelle les plantes ont leurs racines.

LUCIE. — *Volcan.* — *Cratère.* — *Feu central.* — *Chaleur terrestre.* — *Sources thermales.* Un volcan est une montagne d'où il sort de la fumée, des flammes, de la pierre fondue ou lave, des matières brûlées ou scories, des cendres; l'ouverture du volcan est un cratère. Beaucoup de savants supposent qu'à une petite profondeur, la terre est tout en feu; ils expliquent ainsi l'augmentation de la chaleur à mesure qu'on descend dans la terre au-dessous des caves profondes, et la chaleur des sources d'eau chaude, qu'on appelle sources thermales.

JACQUES. — *Carrières.* — *Mines.* Les carrières et les mines sont de grands trous, des galeries qu'on creuse sous la terre: des premières on tire les pierres, des secondes on tire les métaux.

SUZANNE. — *Grottes.* — *Cavernes.* — *Fossiles.*

Les grottes et les cavernes sont des espèces de caves naturelles ; elles ont été creusées par les eaux ou formées par des éboulements. Les fossiles sont des plantes ou des animaux enfouis dans la terre il y a bien longtemps.

ÉMILE. — *Stalactites.* — *Stalagmites.* — *Colonnes ou piliers.* Les stalactites sont des espèces de pierres qui pendent de la voûte des grottes, et qui sont formées lentement par les infiltrations des eaux chargées de grains de pierre ; les stalagmites, formées de même par les gouttes d'eau qui tombent sur le sol, s'élèvent vis-à-vis des stalactites ; quand, après un très long temps, une stalactite et une stalagmite se rejoignent, elles forment une colonne ou pilier.

PIERRE. — *Versants.* — *Bassins.* On nomme versant le flanc de la montagne et les terres qui y font suite. Toutes les eaux qui y coulent se réunissent dans un cours d'eau principal appelé fleuve, ou se rendent dans la même mer que ce cours d'eau. L'ensemble de toutes les terres arrosées par le fleuve et ses affluents forme le bassin de ce fleuve.

ANDRÉ. — *Transport des terres et des pierres.* — *Changement d'aspect du sol.* Les eaux qui descendent des montagnes, en entraînent les terres et les pierres dans les vallées, que ces débris comblent peu à peu ; de sorte que les montagnes sont lentement aplanies, mais souvent aussi les torrents creusent leur lit, qu'ils élargissent de siècle en siècle, et produisent ainsi de nouvelles inégalités du sol.

ÉDOUARD. — *Blocs erratiques.* — *Glaciers.* — *Moraines.* — *Névés.* Souvent dans les plaines on trouve de gros blocs de pierre qui n'ont aucun rapport de nature avec les pierres et les terres environnantes ; ils ont été transportés des montagnes éloignées à l'époque où cette région était couverte de glaces, qui glissaient en fondant par-dessous. On trouve dans certaines chaînes de montagnes de vastes creux remplis encore de glace, ce sont des glaciers ; ils fondent par la partie qui touche la terre, mais se renouvellent par les neiges qui tombent à la partie supérieure. Les lignes de pierres qu'ils laissent sur leurs bords sont des moraines. Les névés sont des amas de neige qui se transforme en glace.

SEPTIÈME PROMENADE

Suzanne. — Julien et Pierre ont demandé à diriger aujourd'hui notre promenade de ce côté ; je ne leur en fais pas mon compliment ; voilà longtemps déjà que nous marchons dans ce sable échauffé par le soleil ; mes pieds enfoncent là-dedans, et mes chaussures sont pleines de sable.

Lucie. — Quand on rencontre un peu d'herbe, elle est toute desséchée ; on ne voit que bien rarement quelques fleurs jaunes des genêts, ou un peu de bruyère.

Julien. — Que diriez-vous donc si vous étiez dans un de ces immenses déserts de l'Asie ou de l'Afrique ? J'ai lu les voyages des caravanes ou troupes de voyageurs, qui pendant des semaines traversent des plaines de sables, sans végétation, sans eau, n'ayant pour vivre que les provisions qu'emportent leurs chameaux ; heureux quand au bout de longs jours de marche, ils rencontrent une eau boueuse où leurs animaux si sobres et si utiles peuvent se désaltérer.

Pierre. — De distance en distance, comme ici ces bouquets d'arbres que vous apercevez, mais bien plus éloignés puisqu'il faut marcher plusieurs jours pour arriver de l'un à l'autre, se trouvent des espaces de terre arrosés par des sources, et où pousse une végétation abondante ; ces espèces d'îles de verdure au milieu de la mer des sables sont des *oasis*.

M. RICHARD. — Quand les oasis sont assez grandes, des familles s'y établissent : quelquefois même elles ont

Oasis. — Caravane.

une étendue suffisante pour qu'il s'y soit formé plusieurs villages ou bourgades ; mais quand elles sont petites, elles ne sont peuplées que d'animaux ; et souvent les lions ou les tigres y ont leurs repaires.

SUZANNE. — Comme nous ne voulons pas prendre un avant-goût d'un voyage dans ces déserts, Pierre et Julien auraient bien pu ne pas nous conduire ici.

ANDRÉ. — Est-ce qu'il y a des déserts dans notre pays ?

M. RICHARD. — L'Europe ne renferme pas de véritables déserts ; il s'y trouve beaucoup trop encore de terres incultes, où le sol formé de sable est couvert par places d'une herbe maigre ; ce sont des *landes*, comme il y en a dans le sud-ouest de la France. Mais dans les landes même, on trouve des plantations d'arbres résineux ou de chênes ; on a entrepris de vastes cultures qui finiront par transformer ces pays ; dans l'Est, au sud d'une contrée qu'on nomme la Russie, on rencontre de vastes plaines humides couvertes d'une herbe dure et épaisse ; on les nomme des *steppes*. En Amérique ce sont, suivant les régions, des *Savanes*, des *Pampas*, des *Llanos*.

JACQUES. — J'ai mal aux yeux quand je regarde le sable.

M. RICHARD. — C'est que l'étendue de sable uni forme comme un miroir qui renvoie à tes yeux les rayons du soleil. Cette réverbération dans les pays des déserts cause souvent à un grand nombre d'habitants ou de voyageurs des maux d'yeux qui peuvent les rendre aveugles ; quelquefois la réflexion sur les sables et dans les couches d'air échauffées produit une singulière illusion : les voyageurs croient voir à une distance assez grande, un lac, des bouquets d'arbres, des villages, où ils espèrent pouvoir se reposer ; mais, à mesure qu'ils avancent l'image s'éloigne et fuit devant eux. C'est ce qu'on appelle un *mirage*.

ÉMILE. — Je vois là-bas une montagne couverte d'arbres ; est-ce que ce pourrait être un mirage ?

M. RICHARD. — Sois sans inquiétude, les mirages ne se produisent pas dans notre pays ; le sol et l'air n'y sont pas assez échauffés par le soleil. Nous allons bientôt arriver à la montagne que nous voyons, et après avoir gravi la première pente occupée par les cultures et les vignes, nous pourrons nous mettre à l'abri sous

Mirage.

les arbres qui garnissent cette hauteur presque jusqu'au sommet.

ANDRÉ. — Peut-être allons-nous trouver sur le flanc de la montagne un glacier ou des amas de neige.

LUCIE. — Il y a bien longtemps déjà que la neige et la glace sont fondues partout ; l'hiver ne viendra que dans quelques mois, pour notre pays.

PIERRE. — André a dit cela en plaisantant ; mais dans les pays les plus chauds même, aussi bien que dans le nôtre, à des hauteurs différentes, on trouve dans les montagnes des glaciers et des neiges perpétuelles.

JACQUES. — Comment ne fondent-elles pas ?

M. RICHARD. — Je vous ai déjà expliqué l'existence des glaciers. Plus on s'élève dans l'atmosphère, moins la chaleur est forte, et sur les montagnes, à des hauteurs d'autant plus élevées que le pays est plus chaud, c'est de la neige qui tombe au lieu de la pluie. La neige en contact avec la terre fond, il est vrai, mais les couches se renouvellent par le haut. La limite des neiges perpétuelles varie suivant les latitudes : au niveau de la mer près du pôle, elle atteint près de l'équateur plus de quatre mille huit cent-cinquante mètres au-dessus du niveau de la mer.

La neige remplit des dépressions, des creux, des précipices, où trop souvent des voyageurs ont été engloutis. Il y a en Europe, au mont Saint-Bernard,

dans les Alpes, des religieux qui se sont retirés dans un couvent, où avec leurs serviteurs et leurs chiens dressés exprès, ils se tiennent toujours prêts à secourir les voyageurs perdus ou ensevelis dans la neige.

Vous rappelez-vous vos jeux dans le jardin après un jour de grande neige ?

ÉMILE. — Nous avons fait un géant tout en neige ; nous avions d'abord pris une petite boule de neige, et en la roulant, nous avons obtenu un bloc énorme.

M. RICHARD. — Quelquefois sur les hautes montagnes, une couche de neige glisse et s'accroit en descendant ; une pelotte de neige tombe d'un rocher et roule en grossissant ; cela devient bientôt une masse formidable qui renverse et engloutit tout sur son passage : les arbres isolés, les châlets, les maisons, les villages avec leur habitants ; ce sont des *avalanches*.

ÉDOUARD. — Ne peut-on pas se défendre contre les avalanches ?

M. RICHARD. — Quand les flancs des hautes montagnes étaient encore garnis de forêts, les blocs de neige qui tombaient, divisés par les arbres, ne pouvaient exercer de si grands ravages, mais l'homme abuse de ce que lui offre la nature, sans s'inquiéter de l'avenir ; on a coupé sans mesure le bois des forêts, on a laissé les troupeaux dévorer les jeunes arbres qui repoussaient ; on a complété le déboisement des mon-

tagnes ; les eaux des nuages, au lieu d'être attirées goutte à goutte par les plantes, et d'être ainsi introduites dans la terre pour fournir les sources, sont tombées en pluies excessives, ont formé des torrents qui ont raviné les montagnes, ont mis les pierres à nu et rendu impossible toute végétation. La neige alors adhérant à peine sur ce sol glissant, a roulé avec la plus grande facilité, et les avalanches n'ont plus trouvé devant elles ce rempart formé par les rideaux d'arbres.

PIERRE. — Mais pourquoi n'a-t-on pas replanté des arbres ?

M. RICHARD. — D'abord c'est une forte dépense qui ne doit porter ses fruits que dans plusieurs années ; ce n'est pas le propriétaire du sol sur lequel on aurait fait les travaux qui en aurait tiré le plus grand profit ; et l'insouciance, la pauvreté, l'ignorance des uns, l'égoïsme des autres se sont bien souvent opposés et s'opposeraient encore à tout changement utile. Mais l'État est le représentant des intérêts de tous ; le Gouvernement a donc résolu de faciliter par tous les moyens le reboisement de nos montagnes ; il a accordé des secours, il a entrepris lui-même des travaux, il a protégé les résultats acquis ; et plus d'un de nos départements de montagnes a vu commencer ainsi sa transformation.

SUZANNE. — Heureusement, ici la montagne n'a pas été déboisée ; nous sommes enfin à la lisière de la forêt. Voici un petit ruisseau ; allons boire à la source un peu de cette belle eau claire.

M. RICHARD. — Attendez que vous ayez moins chaud. Que de gens ont payé de leur santé, de leur vie même l'imprudence qu'ils avaient commise en buvant de l'eau trop froide après une longue course !

LUCIE. — A mesure qu'on approche de la source, le terrain devient plus mou ; mon pied enfonce dans la terre ; on pourra voir à nos traces le chemin que nous aurons suivi.

M. RICHARD. — Nous sommes dans un terrain maré-

Source

cageux ; voyez : les plantes diffèrent de celles que nous trouvons aux endroits secs. Il a été un bien long temps où la surface de la terre n'était presque partout qu'un vaste marécage où glissaient les reptiles, où se posaient un moment les oiseaux qui leur faisaient la guerre, où s'aventuraient quelquefois les animaux gigantesques qui ont précédé l'homme.

JACQUES. — Comment le sait-on, s'il n'y avait personne pour le voir et pour le raconter ?

M. RICHARD. — Si nous étions obligés de nous contenter des récits ou même des témoignages écrits, nous saurions, et encore très imparfaitement, l'histoire de notre planète et même celle de l'humanité depuis quelques milliers d'années seulement ; mais nous avons un merveilleux moyen d'apprendre sans livres l'histoire des époques les plus reculées.

Comme le remarquait Lucie tout à l'heure, nos pieds impriment leurs traces sur la terre humide. Les êtres primitifs, plantes et animaux, ont aussi laissé leurs traces ou leurs corps mêmes, comme nous l'avons vu en parlant des fossiles ; la terre a durci et nous a conservé ces empreintes, témoignages irrécusables d'un passé disparu depuis des milliers de siècles.

L'aspect actuel de la terre nous donnerait une bien faible idée de ces époques ; des changements tantôt violents, tantôt lents et prolongés, se sont opérés et s'opèrent encore sous nos yeux ; ce sont des éruptions de volcans, des tremblements de terre, des éboulements, des abaissements ou des soulèvements du sol ; des inondations des fleuves ou de la mer enfin l'homme

Inondations.

lui-même par ses travaux modifie la surface du sol, bien qu'il ne puisse pénétrer bien profondément dans le sein de la terre.

Julien. — Mais si les changements violents ont lieu encore de nos jours, ne pouvons-nous pas craindre d'en être victimes ?

M. Richard. — Certes dans plusieurs circonstances on a eu à déplorer la mort d'un grand nombre d'hommes, et rien ne garantit d'une manière absolue que ces mémes calamités ne se renouvelleront pas dans ces mêmes endroits ou ailleurs ; mais eu égard à l'étendue de la terre, les endroits ainsi ravagés sont peu considérables ; et puis, tout semble nous permettre d'affirmer que les régions que nous habitons continueront désormais de jouir de la période de calme dans laquelle nous sommes depuis longtemps, sans que nous soyons pour cela soustraits aux changements incessants qui paraissent être en quelque sorte la vie de notre globe.

Avant de continuer votre promenade et de courir dans la montagne, asseyez-vous un instant, et résumons ce que nous avons appris aujourd'hui.

RÉSUMÉ.

JULIEN. — *Déserts*. — *Oasis*. Les déserts sont de grands espaces sablonneux, qui se trouvent en Asie et en Afrique ; presque nulle part, il ne s'y trouve ni eau ni végétation ; à certains endroits, on rencontre des îles de verdure, où l'eau plus ou moins abondante entretient une végétation puissante ; ce sont des oasis ; les hommes les habitent quand elles sont assez grandes, ou s'y arrêtent dans leurs voyages à travers le désert.

Landes. — Les landes sont également des terrains incultes et stériles, mais l'herbe, quoique maigre, y nourrit quelques troupeaux, et l'on trouve en quelques endroits des forêts de pins et de chênes. Il y a des landes dans notre pays, mais la culture a déjà modifié de grandes étendues de terrain.

Steppes. — Les steppes sont des plaines herbeuses en Russie.

Savanes. — *Pampas.* — *Llanos.* — Les savanes sont les vastes plaines de l'Amérique du Nord, et les pampas et les llanos, les plaines de l'Amérique du Sud.

PIERRE. — *Mirage.* — Le mirage est un effet produit par la lumière renvoyée par le sable brûlant des déserts. On croit voir devant soi des lacs, des arbres, des maisons et quand on a longtemps marché pour les atteindre, on s'aperçoit que c'était une illusion des yeux.

ANDRÉ. — *Neiges perpétuelles.* — On trouve à des hauteurs différentes, suivant l'éloignement plus ou moins grand de l'équateur, des neiges qui ne fondent jamais, ou plutôt qui se renouvellent sans cesse.

Avalanches. — Les avalanches sont des masses de neige qui, se détachant du flanc de la montagne, ensevelissent ou détruisent sur leur passage, les arbres, les châlets, les villages.

SUZANNE. — *Déboisement.* — *Reboisement.* — Les forêts garnissaient autrefois le flanc d'un grand nombre de montagnes ; on a coupé les arbres, et non seulement les pays manquent de bois, mais encore la neige et les eaux ont pu ravager les montagnes et les plaines. L'État a entrepris de replanter des arbres sur les flancs des montagnes de notre pays.

LUCIE. — *Marécage.* — *Empreintes.* — *Témoignages des révolutions de la terre.* — Un marécage est une étendue de terre où l'eau est trop abondante et ne s'écoule pas. La terre molle conserve les empreintes des corps qui tombent et des êtres qui passent ; c'est par les empreintes laissées par les plantes et les animaux des époques passées qu'on peut étudier l'histoire de la terre, les changements, les révolutions qui se sont opérées dans les temps les plus reculés.

HUITIÈME PROMENADE

SUZANNE. — Quelle immense étendue ! Le plus loin que je regarde je ne vois que de l'eau devant moi.

LUCIE. — A l'horizon, le ciel parait toucher la mer, comme l'autre jour, il paraissait toucher la terre dans la plaine.

JACQUES. — Comment peut-on oser s'en aller sur un bateau quand on ne voit pas la terre où l'on doit arriver ?

M. RICHARD. — En vous amenant ici, je savais bien que vous seriez étonnés à la vue de cette immensité. Vous ne pouvez apercevoir les terres qui sont en face de vous à une centaine de kilomètres, et l'effet est le même qu'au bord de l'Océan où la côte américaine se trouve à plus de neuf mille kilomètres de la côte française.

ANDRÉ. — Comme l'eau est d'une belle couleur verte !

M. RICHARD. — Il n'en est pas partout de même ; dans certains endroits, la mer parait du plus beau bleu d'azur, dans d'autres elle est blanchâtre, dans d'autres elle est colorée en rouge.

Elle prend toutes les couleurs, toutes les nuances

d'après sa profondeur, la nature des terres et les productions du fond, les innombrables animaux qui l'habitent ; dans un même endroit, sa couleur varie suivant l'aspect du ciel et l'intensité de la lumière.

EDOUARD. — Comme l'eau est agitée ! Il n'y a presque pas de vent, et malgré cela elle forme comme de petites montagnes qui s'écroulent les unes sur les autres.

PIERRE. — La mer avance vers nous, si elle continue elle nous atteindra bientôt.

M. RICHARD. — C'est la marée montante. Chaque jour la mer monte ainsi pendant plus de six heures, elle s'élève à des hauteurs variables suivant la situation et la disposition de la côte ; dans certains endroits et à certaines époques, elle monte à plus de huit mètres de hauteur, et couvre une très grande étendue de rivage ; elle reste haute quelques minutes, on dit alors qu'elle est *étale*. Puis elle redescend pendant six heures environ, s'arrête quelques instants, et recommence à monter ; de sorte qu'en douze heures et demie, il y a une haute et une basse marée. Le mouvement des flots que vous avez sous les yeux est le *flux*, ou le *flot* ; quand la mer se retirera, et sera le *reflux* ou *jusant*. C'est par la marée montante que les vaisseaux entrent dans les ports.

Vous pouvez trouver ici la preuve de la rotondité de la terre, que je ne vous avais pas donnée l'autre jour : regardez à l'horizon. Vous apercevez la fumée d'un bateau à vapeur, l'extrémité des mâts de quelques bâtiments ; ils grandissent en s'approchant. Bientôt nous apercevrons le corps des navires. C'est la courbure de la terre suivie par les eaux qui nous empêche en ce moment de les voir tout entiers, comme la courbure de la terre dans la plaine nous empêchait l'autre jour de voir le bas de la colline. Bientôt les navires entreront dans le port, et quand la mer commencera à descendre nous verrons partir ceux qui vont s'éloigner, et c'est

Courbure de la mer.

le corps du navire qui disparaîtra le premier, puis graduellement les mâts ; enfin leur extrémité sera cachée par la courbure de la mer.

JACQUES. — L'eau arrive déjà à nos pieds ; sauvons-nous si nous ne voulons pas être mouillés.

JULIEN. — Montons sur la *falaise*.

ÉMILE. — Qu'appelles-tu la falaise ?

JULIEN. — Cette hauteur qui forme derrière nous

Falaise.

comme une muraille que la mer va venir battre sans s'élever jusqu'à son sommet ; nous serons à l'abri.

PIERRE. — A moins que la falaise ne tombe dans la mer.

ÉDOUARD. — Ce n'est pas à craindre ; la pierre blanche est dure, et ces gros morceaux de silex la consolident encore.

M. RICHARD. — C'est ce qui te trompe, Édouard ; les falaises qui bordent cette côte se prolongeaient autrefois beaucoup plus loin en mer ; chaque jour la mer creuse un peu le pied de la falaise, l'eau qui s'infiltre dans la terre aide aussi à la séparation d'une partie avancée, et il arrive un jour, où cette portion s'écroule avec fracas. Voyez là-bas ce fragment éboulé il y a quelque temps : la mer est tout autour d'une teinte blanchâtre ; c'est qu'elle délaye la craie ; les morceaux de silex brisés seront, par le mouvement des eaux, frottés sans cesse les uns contre les autres, ils s'useront ; leurs aspérités, leurs pointes disparaîtront ; ils formeront de gros cailloux comme ceux sur lesquels nous marchons maintenant, et qu'on nomme des *galets*. Le sable où nous arrivons, qui s'étend devant nous et qui forme la *plage*, provient de ces galets usés. Ce sable est souvent transporté au loin sur la côte ; il s'élève en lignes de monticules parallèles, et constitue ainsi les *dunes*. Le sable desséché, poussé par le vent, gagne sans s'arrêter un ou plusieurs mètres par an, dans l'intérieur du pays ; mais dans plusieurs endroits on a su, par des plantations de joncs ou d'arbres, arrêter la marche des dunes, qui, sans cela, auraient, comme elles l'ont fait déjà, envahi les champs cultivés et les villages, ou barré les cours d'eau, et changé le pays en marécage.

La plage est tout entière recouverte d'eau pendant les grandes marées ; l'espace sablonneux qui s'étend le long de la mer ou des cours d'eau porte le nom de *grève*.

ANDRÉ. — La mer a formé à l'embouchure de ce petit fleuve un banc de sable comme celui où nous nous sommes engravés dans le lac.

M. RICHARD. — Il est composé de terre apportée par le fleuve, qui l'a prise à la colline où est sa source, à la vallée qu'il arrose, et sur ses bords qu'il a rongés. A l'embouchure de plusieurs fleuves l'eau arrive ainsi chargée de limon ; sa rapidité est fortement diminuée par l'obstacle que lui oppose la mer, la terre se dépose, s'amoncelle, et l'on a vu apparaître d'abord un banc couvert rapidement de plantes aquatiques, puis une île divisant le fleuve en deux branches ; cette île

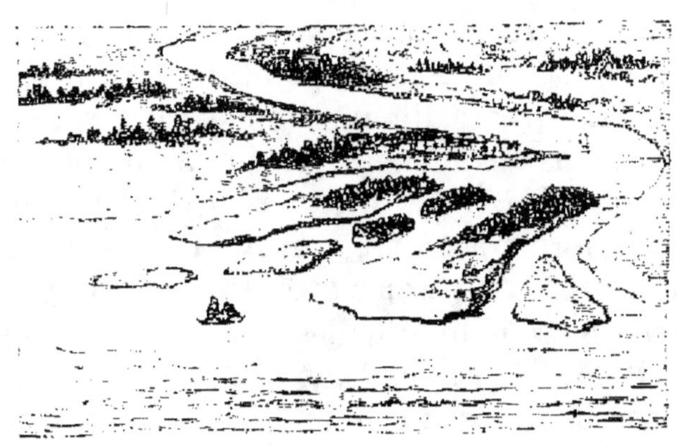

Delta.

présente la forme d'un triangle dont la pointe, le sommet est dirigé en amont ; ce triangle se nomme un *delta*, du nom d'une lettre grecque qui a la même forme.

Tandis que la mer ronge les côtes, démolit les falaises, et couvre peu à peu de nouveaux espaces de terre, les fleuves travaillent à agrandir la terre émergée ; il y a ainsi un combat continuel entre la terre et les eaux. La mer et les fleuves luttent aussi ; on le voit à l'embouchure des fleuves, où la mer s'opposant à l'écoulement des eaux, forme une ligne qu'on nomme

Mascaret.

la *barre*. On le voit surtout dans ces espèces de golfes allongés où la mer semble aller au-devant de l'eau douce, et qu'on nomme des *estuaires*. A la marée montante le flot fait refluer l'eau du fleuve, qui remonte ainsi en forme de montagne ; c'est le *mascaret*; par lui la marée se fait sentir dans des ports situés sur les fleuves, assez loin de l'embouchure.

JULIEN. — J'aperçois là-bas un banc de sable qui va bientôt être couvert par la mer, et tout au loin je distingue des rochers, des écueils, même à cet endroit, où nous ne voyons que l'eau, il doit y avoir des roches, car la mer est couverte d'écume. A quels dangers sont exposés les marins ! et comme on comprend ici les récits des naufragés.

SUZANNE. — Lucie, goûte donc un peu l'eau de mer.

LUCIE. — Pouah ! Quel mauvais goût !

M. RICHARD. — Cette eau est salée et amère, à cause

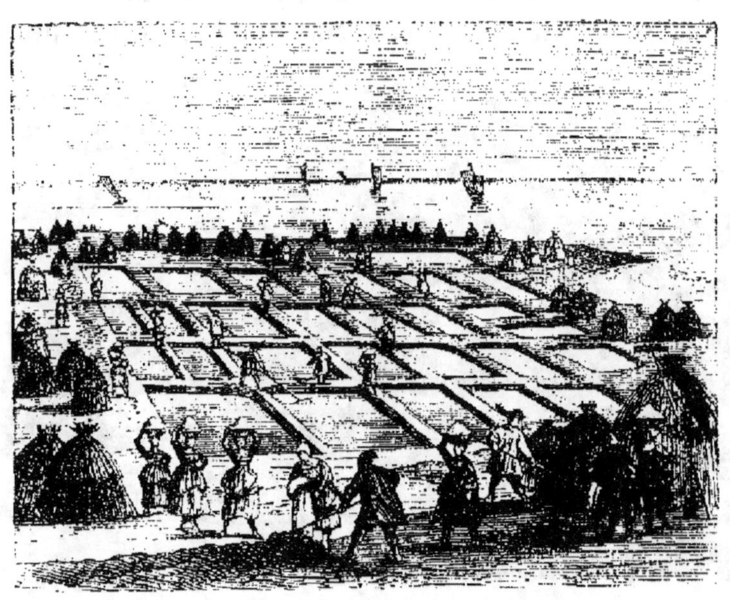

Marais salant.

des différentes substances qu'elle renferme. C'est de la mer qu'on tire en grande partie le sel qu'on emploie pour la préparation des aliments, pour l'agriculture et pour plusieurs industries. Sur diverses côtes on a établi des marais salants, espaces de terre où l'eau de la mer, retenue dans des bassins ou des canaux d'une très faible profondeur, passe en vapeur et dépose le sel cristallisé ; c'est le sel marin. Le sel provient aussi des sources d'eau salée ou des mines de sel qu'on trouve dans la terre. Ce dernier a reçu le nom de *sel gemme* d'un mot qui signifie pierre précieuse, parce que souvent ce sel a la transparence du cristal.

JACQUES. — Il y a là-bas une colonne surmontée

d'une grande lanterne, à quoi cela peut-il servir puisqu'il n'y a autour aucune habitation ?

Pierre. — C'est un *phare*. Dès que la nuit arrive, on allume une grosse lampe dans cette lanterne. Sa lumière qu'on aperçoit en mer, guide les marins, et leur fait reconnaître l'approche des ports ou des écueils à éviter. Sur les côtes de la France, les phares sont pla-

Phare.

cés de distance en distance, assez rapprochés pour qu'on en aperçoive toujours deux à la fois ; quelques-uns projettent leur lumière jusqu'à cinquante kilomètres en mer. Chaque soir tous ces phares sont allumés, et forment sur nos côtes comme une grande illumination.

Lucie. — Voyez donc les jolis coquillages que l'on trouve dans le sable ; quelle variété de formes et de couleurs !

M. Richard. — Les animaux qui produisent ces coquillages vivent dans la mer, ainsi que d'innombrables espèces de poissons, car la mer est plus peuplée que la terre. De tous ces habitants, ceux qui travaillent le plus sont des animaux infiniment petits, qui vivent groupés dans une espèce de pierre formée par la réunion de leurs coquilles ; ces groupes se nomment des *polypiers*.

Corail.

JULIEN. — Suzanne porte à son cou des débris d'un polypier.

Polypiers et madrépores.

SUZANNE. — Je n'ai à mon cou que mon joli collier de corail rose.

Julien. — Le corail n'est autre chose que la dépouille pierreuse de petits animaux dont les coquilles sont réunies, soudées entre elles. Tu ne te doutais pas que des milliers d'animaux avaient travaillé dans la mer pour te faire un bijou.

M. Richard. — D'autres animaux du même genre, des *madrépores*, préparent dans la mer des îles, des terres, des continents, que les hommes habiteront un jour ; quelques archipels de l'Océanie ne sont que des

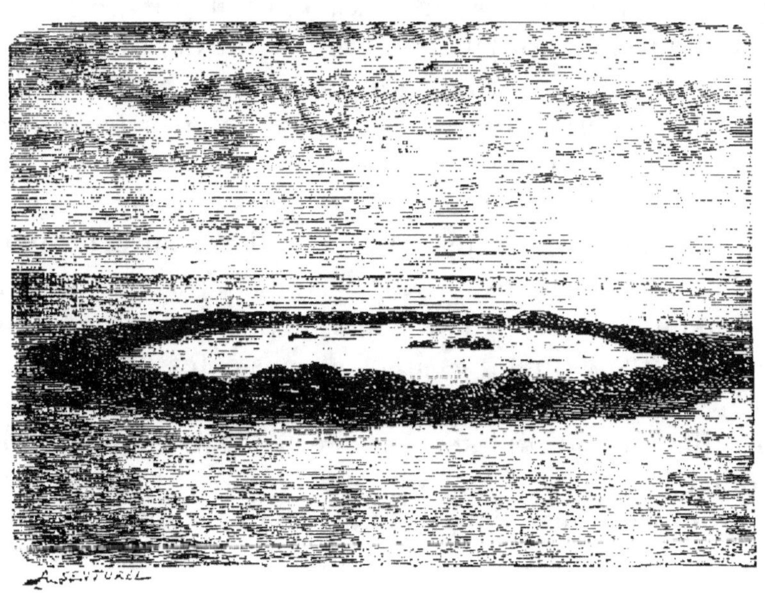

Formation d'une île madréporique.

îles madréporiques, d'autres ne forment encore que des récifs ; mais on peut prévoir le temps où un nouveau continent sera formé de toutes ces îles.

Ainsi, non seulement par son propre travail, mais par celui d'un grand nombre d'animaux, par l'action des forces mêmes de la nature, l'homme voit s'accroître son domaine aux dépens de la mer. Mais la mer à son tour empiète sur la terre, et modifie sans cesse les rivages, comme vous le voyez ici, où elle ronge et détruit les falaises, et avance en couvrant de nouveaux espaces. Plusieurs fois déjà, dans le cours des âges, la mer a passé sur les terres aujourd'hui habitées, et a découvert des parties en ce moment cachées sous les eaux; et cela sans doute se renouvellera un grand nombre de fois.

JACQUES. — Si la terre et la mer changent ainsi, ce n'est pas la peine d'apprendre la géographie, puisque ce qu'on aura vu un jour n'existera plus bientôt.

M. RICHARD. — Tu peux étudier sans crainte d'avoir fait un travail inutile; sans doute, même quand la mer ne gagnerait que quelques centimètres par an, au bout de plusieurs milliers de siècles elle aurait fait bien du chemin, et qu'est-ce que quelques milliers de siècles dans la vie de notre terre! mais à la mesure de notre vie, un seul siècle est même beaucoup; avec un envahissement rapide, un à deux mètres par an, comme cela a lieu sur quelques-unes de nos côtes, en cent ans l'eau n'aurait avancé que de cent à deux cents mètres, en mille ans ou dix siècles, elle n'aurait gagné que un à deux kilomètres. Sur quelques points, il y a eu il est vrai de brusques changements, cela peut se renouveler, mais il n'est pas probable que nous assistions à un grand cataclysme, et la description de notre globe tel qu'il est aujourd'hui ne cessera pas d'être assez exacte dans son ensemble. Ainsi tu peux en ce moment apprendre que la mer est divisée en Océans, que Julien va nous nommer en nous indiquant leur position sur le ballon qui représente la terre.

JULIEN. — Voici dans le voisinage de chaque pôle, un *Océan glacial*, l'un au nord, l'*Océan glacial arctique*, l'autre au sud, l'*Océan glacial antarctique*;

entre ces deux Océans glacials, et renfermé entre l'Amérique d'un côté et de l'autre l'Europe et l'Afrique, se trouve l'*Océan Atlantique*; plus loin entre l'Amérique et l'Asie, et renfermant les îles de l'Océanie, s'étend le *Grand Océan*, ou *Océan Pacifique*; au sud de l'Afrique et de l'Asie, se trouve l'*Océan Indien*.

Ces Océans forment sur les côtes des continents et des îles, des découpures, qui selon leur étendue prennent le nom de mers, comme la *mer Méditerranée* en Europe, ou de golfes, comme le *golfe de Guinée* en Afrique.

Les eaux de l'Océan sont toujours en mouvement : des courants amènent sans cesse les eaux des Océans glacials vers la zone torride, tandis que les eaux déjà réchauffées retournent vers le Nord et le Sud, soit directement, soit en décrivant un grand cercle, en passant par l'Ouest et en revenant par l'Est.

M. RICHARD. — C'est bien cela, Julien. En regardant attentivement notre ballon pour vous rendre compte de l'étendue respective des terres et des mers, que voyez-vous ?

PIERRE. — La mer occupe beaucoup plus d'espace que les terres ; elle couvre les trois quarts au moins de la surface terrestre : presque toutes les terres sont au nord de l'équateur.

M. RICHARD. — En effet, l'hémisphère boréal pourrait être appelé hémisphère continental ; l'hémisphère austral, hémisphère aquatique. Cette réunion de presque toutes les terres en un seul hémisphère serait bien plus sensible encore si nous prenions pour point de départ Paris, qu'il nous est peut-être permis, à nous Français, de considérer comme le centre de la vie civilisée. Traçons sur le globe une ligne à la craie, qui figurerait l'équateur si Paris était le pôle. Vous voyez dans le premier hémisphère, l'Europe, l'Afrique, l'Asie presque tout entière, toute l'Amérique septentrionale et plus de la moitié de l'Amérique méridionale ainsi que la pointe d'une île de l'Océanie. Il ne reste dans l'autre hémisphère qu'une partie extrêmement petite de l'Asie, l'Australie et les archipels de l'Océanie, et moins de la moitié de l'Amérique du sud.

La vaste étendue de la mer effrayait tout à l'heure notre petit Jacques ; elle a d'abord effrayé les hommes, bien qu'ils aient de bonne heure franchi sur des barques

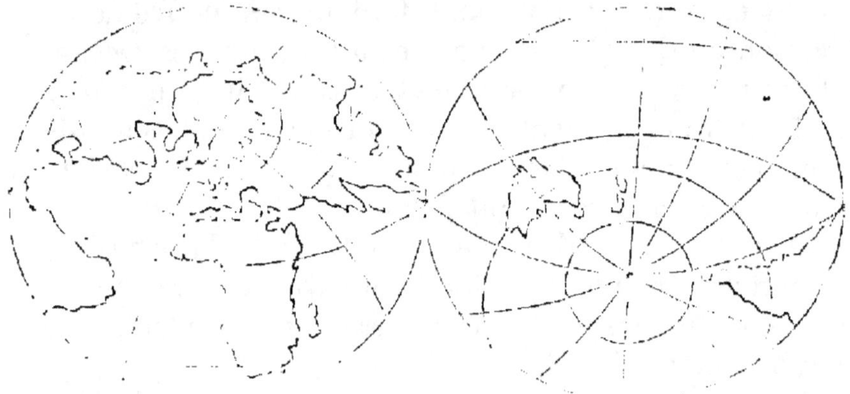

les bras de mer qui séparaient les continents des îles, et les îles entre elles ; mais cette route sans obstacles était bien plus commode que les routes peu ou point tracées sur la terre, avec leurs montagnes, leurs précipices à franchir, et surtout les peuplades hostiles qu'on rencontrait. Et quand on eut inventé la boussole qui permettait de trouver sa route avec sécurité, les navigateurs européens firent en quelques jours des voyages qu'on n'aurait peut-être jamais faits s'il eût fallu les exécuter en traversant des terres aussi étendues. Dix ou douze jours suffisent pour aller d'Europe en Amérique; bien peu de voyageurs ont pénétré dans l'intérieur de l'Australie, de l'Amérique, de l'Asie, de l'Afrique ; et combien ont perdu la vie dans leurs tentatives hardies pour nous faire connaître ces terres relativement assez rapprochées de notre Europe ou de nos colonies!

Ainsi la mer qui paraissait être un obstacle insurmontable, facilite les voyages les plus lointains. Par ces voyages, nous avons pris une possession plus complète de notre commune demeure ; nous échangeons les produits des différentes régions, nous étendons nos idées, nous entrons en communication avec les hommes des divers pays, nous nous efforçons de faire participer aux progrès de notre civilisation les membres de toutes les races humaines.

Je ne vous surprends certainement pas en vous disant que l'espèce humaine est partagée en plusieurs races ;

Race blanche.

si vous vivez dans un pays peuplé par la *race blanche ou caucasique*, dont nous faisons partie, vous avez cependant rencontré des hommes appartenant à chacune des autres divisions principales.

JULIEN. — Nous avons vu quelquefois à Paris des Chinois et des Japonais.

7.

Ils appartiennent à la *race jaune ou mongolique ;* et, plus souvent encore nous avons vu des nègres, dont la race est appelée *éthiopique.*

M. Richard. — Voilà déjà trois races dont nous pouvons tracer les caractères : disons d'abord ceux que nous remarquons plus ou moins purs chez les Européens. La race blanche a, comme son nom l'indique, la peau blanche, mais allant du blanc pâle au blanc rosé et au blanc le plus basané ; le visage ovale, limité en avant par une ligne verticale laissant en saillie le nez, qui est en général étroit et légèrement courbé, avec une dépression, un creux à l'endroit où il commence, au bas du front ; les yeux surmontés de sourcils arqués, sont bien ouverts, et les paupières, garnies de cils longs sont fendues horizontalement ; la bouche est plutôt petite que grande, elle est fermée par des lèvres assez minces ; le menton est arrondi et présente souvent une fossette ; les cheveux soyeux et pouvant devenir très longs, présentent, ainsi que la barbe, qui est en général bien

Race jaune

fournie, toutes les nuances du blond pâle au brun foncé ou noir. La modestie seule nous empêcherait de constater

que notre race est celle dont l'intelligence et la civi-
sation se distinguent par le plus grand développement.

La race jaune a la peau jaune et quelquefois brune,

Race nègre.

la face large, les pommettes saillantes, le front aplati, le
nez écrasé vers le haut, les yeux petits ; les paupières
fendues suivant une ligne qui se relève en dehors, sont

Race rouge ou américaine.

tirées et ferment à demi les yeux ; la bouche est grande
et avancée, le menton est court, les oreilles sont grandes
et écartées de la tête ; la barbe est peu abondante, les

cheveux durs et lisses. Les Chinois, que vous avez vus, avaient, vous l'avez bien remarqué, les cheveux noirs formant une longue natte nouée de soie, et pendant sur leur dos.

Les nègres ont la peau noire, la tête allongée, le front très fuyant, le nez écrasé et aplati, les pommettes saillantes, les yeux fendus horizontalement, la bouche avancée et les lèvres épaisses ; leur chevelure est noire, laineuse, crépue ; leur barbe n'est pas abondante, et elle ressemble à leurs cheveux.

Outre ces races principales, je vous citerai : *la race rouge* ou *cuivrée américaine,* non pas celle qui descend des colons européens, mais la race des hommes qui habitaient le nouveau continent quand il fut découvert, et dont les descendants se retrouvent encore dans diverses parties de l'Amérique.

La *race boréale,* habitant le nord de l'ancien et du nouveau continent, et à laquelle appartiennent les Lapons en Europe, les Samoïèdes en Asie, les Esquimaux en Amérique.

La race *malayo-polynésienne,* habitant la plupart des îles de l'Océanie.

La race *hottentote,* au sud de l'Afrique, et la race *papoue* ou *noire océanienne,* dans quelques îles occidentales du monde maritime.

Ce ne sont là que les principales races ; mais il en est un bien plus grand nombre, qui paraissent résulter des alliances de plusieurs de ces races entre elles.

Il n'est pas possible encore, dans l'état actuel de la science, de savoir quelle est la race humaine primitive. En se répandant sur la terre pour prendre possession de leur domaine, les hommes, par des migrations renouvelées, par des colonies, par des invasions et des guerres presque toujours cruelles, mais dont les résultats quoique chèrement acquis ont parfois été heureux même pour les vaincus, les hommes, dis-je, se sont mélangés, ont mis en commun les connaissances que les divers peuples avaient acquises, les progrès qu'ils avaient accomplis.

Les développements de l'industrie, du commerce, les moyens de communication de plus en plus nombreux et faciles, amèneront les hommes à reconnaitre cette vérité que confirme la géographie, que rien sur un point quelconque de la terre n'est étranger au reste du monde, et que l'humanité avec ses origines, ses caractères divers, ne doit former qu'une grande famille. Nous devons hâter de nos vœux et de nos efforts la réalisation de ce que l'on appelle la solidarité humaine.

Vous allez pouvoir, mes amis, jouer au bord de la mer sans danger et en toute liberté ; mais auparavant résumons ce que nous avons dit dans notre promenade d'aujourd'hui.

RÉSUMÉ

JACQUES. — *La mer*. C'est l'eau salée et amère qui occupe la plus grande partie du globe terrestre; elle est verte presque partout, mais sa couleur n'est pas toujours la même; dans certains endroits elle est bleue; dans d'autres, elle parait blanchâtre; dans d'autres elle parait colorée en rouge.

LUCIE. — *Marée*. — *Flux*. — *Reflux*. La marée est le mouvement régulier que fait la mer, et par lequel deux fois en vingt-quatre heures elle s'élève et envahit la côte, puis se retire pour revenir ensuite. Le flux, ou le flot, est le mouvement qu'elle fait en montant ; le reflux, ou le jusant, est le mouvement qu'elle fait en descendant.

ÉDOUARD. — *Falaises.* — *Galets.* Les falaises sont des hauteurs au bord de la mer ; elles sont composées de pierre ou de craie renfermant de gros morceaux de silex. La mer les ronge et les fait écrouler, le silex brisé par le choc, usé par le frottement forme les galets ou cailloux.

SUZANNE. — *Plage.* — *Grève.* La plage est l'espace qui s'étend le long de la mer, et où sont amassés les galets ou le sable qui provient de leur frottement. La mer la recouvre à marée haute. La grève est l'espace sablonneux au bord de la mer ou des cours d'eau.

ÉMILE. — *Dunes.* — Les dunes sont des collines de sable formant un mur le long de la mer ; c'est le sable rejeté par la mer qui s'amoncelle ainsi.

Delta. — Un delta est une île triangulaire formée à l'embouchure d'un fleuve par le limon, la terre que ce fleuve transportait, et que le ralentissement de son cours fait déposer à l'approche de la mer. Quand cette île s'élève au-dessus des eaux elle divise le fleuve en deux branches.

Barre. — *Mascaret.* — La barre est la ligne qui se forme à la rencontre du fleuve et de la mer, elle est quelquefois difficile à franchir ; le mascaret est le flot qui remonte dans les estuaires, et qui se fait sentir à chaque marée montante dans des ports souvent fort éloignés de la mer.

ANDRÉ. — *Phares.* Les phares sont des colonnes surmontées de grosses lanternes dont la lampe envoie au loin en mer sa lumière qui guide les vaisseaux.

PIERRE. — *Sel.* — *Sel gemme.* Le sel est déposé par l'eau de mer évaporée dans des marais salants. On trouve aussi du sel dans l'eau de quelques sources et dans des mines, où il est en couches quelquefois considérables, celui-ci est nommé sel gemme.

Madrépores. — Les madrépores sont des espèces d'animaux vivant agglomérés par leurs coquilles. Ils forment à la longue des récifs, des iles qui reliées entre elles finiront par former un vaste continent.

Océans. — La mer est divisée en plusieurs grandes parties qu'on nomme des océans. Il y a l'Océan glacial du nord ou boréal, l'Océan glacial du sud ou austral, l'Océan Atlantique, entre l'Europe, l'Afrique et l'Amérique; le grand Océan ou Océan Pacifique entre l'Amérique et l'Asie; c'est dans cet Océan que se trouvent les iles et les archipels de l'Océanie; enfin l'Océan Indien, au sud de l'Afrique et de l'Asie.

JULIEN. — *Races humaines.* On compte trois principales races humaines, la race blanche ou caucasique, la race jaune ou mongolique, et la race nègre ou éthiopique. Après ces races, on peut distinguer la race boréale, la race rouge ou américaine, la race malayo-polynésienne, la race hottentote et la race papoue.

Quelle que soit la diversité des races, il faut les considérer comme ne faisant qu'une grande famille: l'humanité.

FIN.

TABLE DES MATIÈRES

FIN DE LA TABLE.